Lucian's
Zeus the Tragedian

An Intermediate Greek Reader

Greek Text with Running Vocabulary and Commentary

Evan Hayes
and
Stephen Nimis

Lucian's *Zeus the Tragedian*: An Intermediate Greek Reader:
Greek Text with Running Vocabulary and Commentary

First Edition

© 2017 by Evan Hayes and Stephen Nimis

All rights reserved. Subject to the exception immediately following, this book may not be reproduced, in whole or in part, in any form (beyond copying permitted by Sections 107 and 108 of the U.S. Copyright Law and except by reviewers for the public press), without written permission from the publisher. The authors have made a version of this work available (via email) under a Creative Commons Attribution-Noncommercial-Share Alike 3.0 License. The terms of the license can be accessed at www.creativecommons.org.

Accordingly, you are free to copy, alter and distribute this work under the following conditions:

1. You must attribute the work to the author (but not in a way that suggests that the author endorses your alterations to the work).

2. You may not use this work for commercial purposes.

3. If you alter, transform or build up this work, you may distribute the resulting work only under the same or similar license as this one.

ISBN-10: 1940997801

ISBN-13: 9781940997803

Published by Faenum Publishing, Ltd.

Cover Design: Evan Hayes

Fonts: Garamond
         GFS Porson

editor@faenumpublishing.com

Table of Contents

Acknowledgements vii

Introduction ix

Abbreviations xv

Zeus the Tragedian: Text and Commentary 3

List of Verbs 108

Glossary 120

benignis lectoribus

Acknowledgments

The idea for this project grew out of work that we, the authors, did with support from Miami University's Undergraduate Summer Scholars Program, for which we thank Martha Weber and the Office of Advanced Research and Scholarship. Work on the series, of which this volume is a part, was generously funded by the Joanna Jackson Goldman Memorial Prize through the Honors Program at Miami University. We owe a great deal to Carolyn Haynes, and the 2010 Honors & Scholars Program Advisory Committee for their interest and confidence in the project.

The technical aspects of the project were made possible through the invaluable advice and support of Bill Hayes, Christopher Kuo, and Daniel Meyers. The equipment and staff of Miami University's Interactive Language Resource Center were a great help along the way. We are also indebted to the Perseus Project, especially Gregory Crane and Bridget Almas, for their technical help and resources. We also profited greatly from advice and help on the POD process from Geoffrey Steadman. All responsibility for errors, however, rests with the authors themselves.

Introduction

The aim of this book is to make *Zeus the Tragedian* by Lucian of Samosata (c. 120 CE –190) accessible to intermediate students of Ancient Greek. The running vocabulary and grammatical commentary are meant to provide everything necessary to read each page, so that readers can progress through the text, improving their knowledge of Greek while enjoying one of the most entertaining authors of antiquity. In *Zeus the Tragedian* Lucian weaves an amusing dialogue out of a whole range of literary genres and styles, making full use of his impressive mastery of classical literature and language.

Zeus the Tragedian is a great text for intermediate readers. The work sounds a number of Lucian's favorite themes: the incongruities in the representation of the gods in Greek literature, especially Homer; the foibles of professional speakers and philosophers; and the petty jealousies of elite communities. It also has a number of notable narrative and linguistic features. In the opening pages of the dialogue, the Olympian gods speak to each other adapting lines from Greek drama and epic. This clever and showy beginning eventually turns to prose, but language from the world of verse continues to be deployed by various characters. The mixture of prose and verse in antiquity regularly carries a hint of satire with it, and in Lucian this is to be expected. Indeed, such a mixture of different linguistic registers is at the heart of the new genre of comic dialogue that Lucian considers his specialty. In addition to the mixture of prose and verse, *Zeus the Tragedian* also has a dual setting. On Olympus, the gods worry about the fact that humans don't seem to give them the respect they deserve. The god Momus, or Blame, provides a constant stream of satirical commentary on whatever the gods say and do, acting as a kind of stand-in for Lucian himself. On the human plane, two philosophers, Timocles the Stoic and Damis the Epicurean, debate the existence and providence of the gods. Here too, Damis seems to present ideas that can be found in other works of Lucian and in general seems to fare much better than the stodgy Timocles. The human dialogue has attracted the attention of the gods and for a while the two scenes are integrated with human dialogue and divine commentary alternating. This provides the more or less serious philosophical discussion with a sort of slapstick presentation of the gods, reinforcing the denial of divine providence set forth by Damis.

As Tim Whitmarsh points out in his brief but important discussion of this dialogue (*Beyond the Second Sophistic*, pp. 176-82), the opposition of prose and verse (especially tragedy) and the allocation of the latter to Zeus and the gods--indicated by the title of the dialogue itself--reinforces the themes of the work in a complex manner. If the poetry of the past is the privileged vehicle of the Olympian gods, indeed, the very medium in which they were fashioned by poets, then Lucian's prose is the vehicle for their debasement. As elsewhere in Lucian, the gods seem to become synonymous with the forms that describe them, whether poetic words or the materials of their statues. Lucian "prosifies" them, shows them to be mere effects of language that can be recombined and substituted endlessly, but no longer pointing to a higher reality somewhere else. In this way, the immediate subject of the dialogue, the existence and efficacy of the gods, is itself a version of the larger project of Lucian to absorb the classical literary tradition and reconfigure it in his playful dialogues, themselves a heterogeneous redrawing of literary types and styles.

Lucian of Samosata (c. 120 –190 CE)

Little is known about the life of Lucian except what can be deduced from his numerous surviving works. By his own account, he was a professional rhetor, a "sophist," trained in public speaking. As such he is a good representative of the renaissance of Greek literature in the imperial period known as the "second sophistic." His Greek prose is patterned on the best Attic authors, a learned version of Greek that was more prestigious than the living lingua franca of the time, *koine*, the Greek of the New Testament and public administration in the eastern half of the Roman Empire. His seventy works were transmitted in many manuscripts, indicating his continuous popularity in the Greek-speaking world. In the renaissance he was reintroduced to the Latin west and was widely read up to the beginning of the 20th century, when for various reasons he fell out of favor among classicists. Interest in Lucian has grown again, along with a greater interest in prose of the imperial period.

THE GREEK TEXT

The Greek text is that of A. M. Harmon (1915), which has been digitized by the Perseus Project and made available with a Creative Commons license, as is our text. Here and there we have made minor changes to the text in the name of readability. This is not a scholarly edition; for that one should turn to the OCT of Macleod.

Bibliography

Coenen J. *Lukian, Zeus Tragodos. Überlieferungsgeschichte, Text und Kommentar*. Rudolstadt: Hain, 1977.

Harmon, A. M. *Lucian: Works, with an English Translation*. Cambridge, MA.: Harvard University Press, 1915.

PCG = *Poetae Comici Graeci*, ed. R. Kassel et C. Austin. Vol. 8 Adespota. Berlin: Walter de Gruyter, 1995.

TGrF = *Tragicorum Graecorum Fragmenta*. ed. Richard Kannicht Volume 5: Euripides. Gottingen: Vandenhoeck & Ruprecht, 2004

Whitmarsh, T. *Beyond the Second Sophistic*. Berkeley: University of California Press, 2013.

How to use this book:

The page by page vocabularies gloss all but the most common words. We have endeavored to make these glossaries as useful as possible without becoming fulsome. Words occurring frequently in the text and words that are not glossed in every instance can be found in an appendix in the back, but it is our hope that most readers will not need to use this appendix often. For more details, see "glossing conventions" below.

The commentary is almost exclusively grammatical, explaining subordinate clauses, unusual verb forms, and idioms. There is a list of verbs used by Lucian that have unusual forms in an appendix. The principal parts of verbs are given there rather than in the glossaries. A good strategy is to read a passage in Greek, check the glossary for unusual words and consult the commentary as a last resort.

The commentary is meant to be consulted when needed, not to be read continuously. There is considerable repetition in the identification of clauses and troublesome verb forms, so that explanations are available whenever problems might be encountered. There is also considerable repetition in the vocabulary, again so that it will be available when needed.

Glossing Conventions:

Nouns and adjectives are glossed in the standard format found in dictionaries, except the genitive is not always given for regular words:

γυνή, γυναικός, ἡ: a woman;

but:

ὀργή, ἡ: anger
πόνος, ὁ: work

Proper nouns are not usually glossed.

Common particles, including prepositions and conjunctions, are not regularly glossed, but can be found in the glossary at the back.

For verbs the page by page vocabularies list the dictionary form (present indicative). For verbs with irregularities in their conjugation, an appendix is provided with principal parts. Those tenses that are predictable from the present stem (imperfect, weak aorist, future, etc.) are not generally noted in the commentary, but unpredictable forms are given fuller treatment, as are any non-indicative forms.

There is a small number of important "defective" verbs that lack forms in the present, and these will be found in the glossary with an indication of the tense in parentheses in the following manner:

ἦλθον: to go (*aor.*) used as the aorist of ἔρχομαι
εἶμι: to go (*fut.*) used as the future of ἔρχομαι
οἶδα: to know (*perf.*) used as the perfect of ὁράω (i.e. I have seen)
εἶδον: to see (*aor.*) used as the aorist of ὁράω
ὄψομαι: to see (*fut.*) used as the future of ὁράω
ἤνεγκον: to bear (aor.) used as the aorist of φέρω
οἴσω: to bear (fut.) used as the future of φέρω
ἐρέω: to speak (fut.) used as the future of λέγω
εἶπον: to speak (aor.) used as the aorist of λέγω
εἴρηκα: to speak (perf.) used as the perfect of λέγω
εἷλον: to take (aor.) used as the aorist of αἱρέω
πριάμην: to buy (aor.) used as aorist of ὠνέομαι

An Important Disclaimer:

This volume is a self-published "Print on Demand" (POD) book, and it has not been vetted or edited in the usual way by publishing professionals. There are sure to be some factual and typographical errors in the text, for which we apologize in advance. The volume is also available only through online distributors, since each book is printed when ordered online. However, this publishing channel and format also account for the low price of the book; and it is a simple matter to make changes when they come to our attention. For this reason, any corrections or suggestions for improvement are welcome and will be addressed as quickly as possible in future versions of the text.

Please e-mail corrections or suggestions to editor@faenumpublishing.com

About the Authors:

Evan Hayes is a graduate in Classics and Philosophy at Miami University and the 2011 Joanna Jackson Goldman Scholar.

Stephen Nimis is Emeritus Professor of Classics at Miami University and Professor of English and Comparative Literature at the American University in Cairo.

Abbreviations

abs.	absolute	m.	masculine
acc.	accusative	mid.	middle
act.	active	neg.	negative
adj.	adjective	neut.	neuter
adv.	adverb	nom.	nominative
aor.	aorist	obj.	object
app.	apposition	opt.	optative
artic.	articular	part.	participle
attrib.	attributive	pass.	passive
circum.	circumstantial	perf.	perfect
com.	command	pl.	plural
comp.	comparison	plupf.	pluperfect
dat.	dative	pot.	potential
delib.	deliberative	pred.	predicate
f.	feminine	pres.	present
fut.	future	pron.	pronoun
gen.	genitive	purp.	purpose
i.e.	*id est* ("that is")	quest.	question
imper.	imperative	s.	singular
impf.	imperfect	sc.	*scilicet* ("supply")
ind.	indirect	st.	statement
indic.	indicative	subj.	subjunctive
inf.	infinitive	suppl.	supplementary
intr.	intransitive	voc.	vocative

ΛΟΥΚΙΑΝΟΥ
ΖΕΥΣ ΤΡΑΓῼΔΟΣ

Lucian's
Zeus the Tragedian

ΖΕΥΣ ΤΡΑΓΩΙΔΟΣ

ΕΡΜΗΣ:

Ὦ Ζεῦ, τί σύννους κατὰ μόνας σαυτῷ λαλεῖς,
ὠχρὸς περιπατῶν, φιλοσόφου τὸ χρῶμ' ἔχων;
ἐμοὶ προσανάθου, λαβέ με σύμβουλον πόνων,
μὴ καταφρονήσῃς οἰκέτου φλυαρίας.

καταφρονέω: to despise (+ *gen.*)	προσανατίθεμαι: to take counsel with (+ *dat.*)
λαλέω: to talk, chat	σύμβουλος, ὁ: an adviser, counsellor
λαμβάνω: to take	φιλόσοφος, ὁ: a philosopher
μόνος, -η, -ον: alone	φλυαρία, ἡ: silly talk, nonsense
οἰκέτης, -ου, ὁ: a house-slave	χρῶμα, -ατος, τό: color, appearance
περιπατέω: to walk about	ὠχρός, -ά, -όν: pale
πόνος, ὁ: trouble, toil	σύννους, -ουν: in deep thought

Ὦ Ζεῦ: these iambic verses are based on those of a comic poet (*PCG* vol. 5 fr. adesp. 1027), with the second line completely changed.

κατὰ μόνας: "all alone"

ὠχρὸς: it was a cliche that philosophers had a pale complexion

περιπατῶν: pres. part., "you, *walking about,*" a common pose for a philosopher and one that gave the followers of Aristotle their nickname "peripatetic"

προσανάθου: aor. imper. mid. of **προσ-ανα-τίθεμαι**, "*take counsel with* me"

λαβέ: aor. imper. of λαμβάνω

σύμβουλον: acc. pred., "take me as *an adviser*"

μὴ καταφρονήσῃς: aor. subj. in prohibition, "don't despise!" + gen.

Iambic Trimeters

The basic scheme of this meter is given below, where × indicates an *anceps* syllable (either long or short).

$$\times - \cup - / \times - \cup - / \times - \cup -$$

Two short syllables can be substituted for a long syllable, resulting in a *tribrach* (⏑ ⏑ ⏑) or other combinations. Here is the actual scansion of the first two lines:

$$\bar{\text{Ὦ}} \; \bar{\text{Ζεῦ,}} \; \breve{\text{τί}} \; \bar{\text{σύν}}\text{νους} \; / \; \bar{\text{κα}}\breve{\text{τὰ}} \; \breve{\text{μό}}\text{νας} \; / \; \bar{\text{σαυ}}\bar{\text{τῷ}} \; \breve{\text{λα}}\bar{\text{λεῖς,}}$$

$$\bar{\text{ὠ}}\bar{\text{χρὸς}} \; \breve{\text{πε}}\breve{\text{ρι}}\breve{\text{πα}}\text{τῶν,} \; / \; \bar{\text{φι}}\text{λο}\bar{\text{σό}}\text{φου} \; \bar{\text{τὸ}} \; / \; \breve{\text{χρῶμ'}} \; \breve{\text{ἔ}}\text{χων;}$$

ΑΘΗΝΗ:

Ναὶ πάτερ ἡμέτερε, Κρονίδη, ὕπατε κρειόντων,
γουνοῦμαί σε θεὰ γλαυκῶπις, τριτογένεια,
ἐξαύδα, μὴ κεῦθε νόῳ, ἵνα εἴδομεν ἤδη,
τίς μῆτις δάκνει σε κατὰ φρένα καὶ κατὰ θυμόν,
ἦ τί βαρὺ στενάχεις ὠχρός τέ σε εἷλε παρειάς;

βαρύς, -εῖα, -ύ: heavy
γλαυκῶπις, -ιδος, ἡ: "grey-eyed," an epithet of Athena
γουνόομαι: to beg
δάκνω: to bite
εἷλον: to grasp, seize
ἐξαυδάω: to speak out
θεά, ἡ: a goddess
θυμός, ὁ: soul
κεύθω: to cover, hide
κρείων, -οντος, ὁ: a ruler, lord
Κρονίδης, ὁ: son of Cronus (Zeus)

μῆτις, -ιος, ἡ: wisdom, counsel
ναί: yes, indeed
νόος, ὁ: mind
οἶδα: to know (*perf.*)
παρειά, ἡ: cheek
πατήρ, ὁ: a father
στενάχω: to sigh, groan, wail
Τριτογένεια, ἡ: "Trito-born," epithet of Athena
ὕπατος, -η, -ον: highest, supreme
φρήν, φρένος, ἡ: mind
ὠχρός, -ά, -όν: pale

ὕπατε κρειόντων: "O greatest of rulers"; these dactylic hexameter lines of Athena use many Homeric phrases, such as this one from *Iliad* 8, 32

γουνοῦμαί σε: cf. *Odyssey* 6, 149

θεὰ γλαυκῶπις: cf. *Iliad* 8, 31

ἵνα εἴδομεν: perf. subj. in purpose clause, "speak *in order that we know*" cf. *Iliad* 1, 363

κατὰ φρένα καὶ κατὰ θυμόν: "in my heart and mind" cf. *Iliad* 1, 193

βαρὺ: acc. adverbial, "groan *deeply*"

ὠχρός ... παρειάς: cf. *Iliad* 3, 35

εἷλε: aor. of αἱρέω, "why *did* this pallor *seize*?"

παρειάς: acc. of respect, "seize you *on your cheeks*"

Dactylic Hexameters

The basic scheme of this meter is given below, where where × indicates an *anceps* syllable (either long or short).

$$- \smile \smile / - \smile \smile / - \smile \smile / - \smile \smile / - \smile \smile / - \times$$

A long syllable can be substituted for two short syllables, resulting in a *spondee* (– –). Here is the actual scansion of the first two lines:

$$- \smile \smile / - \smile \smile / - \smile \smile / - \smile \smile / - / - -$$
Ναὶ πάτερ ἡμέτερε, Κρονίδη, ὕπατε κρειόντων,

$$- - / - \smile \smile / - / - - / - \smile \smile / - \smile$$
γουνοῦμαί σε θεὰ γλαυκῶπις, τριτογένεια,

ΖΕΥΣ:

Οὐκ ἔστιν οὐδὲν δεινὸν ὧδ' εἰπεῖν ἔπος,
οὐδὲ πάθος οὐδὲ συμφορὰ τραγῳδική,
ἣν οὐκ ἰαμβείοις ὑπερπαίω δέκα.

ΑΘΗΝΗ:

Ἄπολλον, οἵοις φροιμίοις ἄρχῃ λόγου;

ΖΕΥΣ:

Ὦ παγκάκιστα χθόνια γῆς παιδεύματα,
σύ τ', ὦ Προμηθεῦ, οἷά μ' εἴργασαι κακά.

ἄρχομαι: to begin (+ gen.)
δεινός, -ή, -όν: fearful, terrible
δέκα (indecl.): ten
ἔπος, -εος, τό: a word
ἐργάζομαι: to work, perform
ἰαμβεῖος, -ον: iambic, a meter used in comic and tragic dialogue
κακός, -ή, -όν: bad, evil
οἷος, -α, -ον: such as, what kind

πάγκακος, -ον: utterly bad
πάθος, -εος, τό: an accident, suffering
παίδευμα, -ατος, τό: a nursling, student
συμφορά, ἡ: an event, disaster
τραγῳδικός, -ή, -όν: befitting tragedy, tragic
ὑπερπαίω: to surpass
φροίμιον, τό: introduction, opening
χθόνιος, -α, -ον: beneath the earth
ὧδε: in this way, so, thus

Οὐκ ἔστιν … τραγῳδική: These iambic trimeter lines are from Euripides *Orestes*, 1-2

εἰπεῖν: aor. inf. epexegetic after δεινὸν, "so terrible *to say*"

ἔπος: internal acc. after εἰπεῖν, "to say a word" i.e. to describe

ἣν: acc. of respect of the relative pronoun, its antecedent being οὐδὲν, πάθος and συμφορὰ, but agreeing only with the last, "a disaster *about which*"

ἰαμβείοις: dat. with compound verb, "I do not surpass ten *iambic lines*"

Ἄπολλον: vocative used as an oath, "by Apollo!" the line is from Euripides' *Heracles Furens* 538

φροιμίοις: the tragic equivalent of προιμίοις

Ὦ παγκάκιστα: This line is a fragment from an unknown play of Euripides (TGrF vol. 5.1, 939)

ὦ Προμηθεῦ: The sudden introduction of Prometheus hints that this comes from the same source as the previous line

εἴργασαι: perf. mid., "what evils *you have done!*"

ΑΘΗΝΗ:

Τί δ' ἐστί; πρὸς χορὸν γὰρ οἰκείων ἐρεῖς.

ΖΕΥΣ:

Ὦ μεγαλοσμαράγου στεροπᾶς ῥοίζημα, τί ῥέξεις;

ΗΡΑ:

Κοίμισον ὀργάν, εἰ μὴ κωμῳδίαν, ὦ Ζεῦ, δυνάμεθα ὑποκρίνεσθαι μηδὲ ῥαψῳδεῖν ὥσπερ οὗτοι μηδὲ τὸν Εὐριπίδην ὅλον καταπεπώκαμεν, ὥστε σοι ὑποτραγῳδεῖν. ἀγνοεῖν ἡμᾶς νομίζεις τὴν αἰτίαν τῆς λύπης ἥτις ἐστί σοι;

ἀγνοέω: not to know
αἰτία, ἡ: a cause, source
δύναμαι: to be able, capable (+ *inf.*)
καταπίνω: to swallow, gulp down
κοιμίζω: to put to sleep, lull
κωμῳδία, ἡ: a comedy
λύπη, ἡ: pain
μεγαλοσμάραγος, -ον: loud-resounding
νομίζω: to suppose (+ *inf.*)
οἰκεῖος, -α, -ον: related, of one's home

ὅλος, -η, -ον: whole, entire
ὀργή, ἡ: anger
ῥαψῳδέω: to recite epic poems
ῥέζω: to do, act
ῥοίζημα, -ατος, τό: a whirring sound
στεροπή, ἡ: a flash of lightning
ὑποκρίνομαι: to act in a drama
ὑποτραγῳδέω: to play tragic parts in subordination to (+ *dat.*)
χορός, ὁ: a group of dancers, a troop

τί δ' ἐστι: from an unknown play by Euripides (*TGrF* vol. 5.2, 940)

χορὸν: "speak to *the troop* of your relatives," but also a tragic *chorus*

ἐρεῖς: fut. of λέγω, "you will speak"

μεγαλοσμαράγου: this compound, typical of tragic diction, only occurs here, "the whirring sound *of loud-resounding* lightning"

τί ῥέξεις: fut. of ῥέζω, "what will you do?"

κοίμισον: aor. imper., "*lull to sleep* your anger!" serving as an apodosis, i.e. "*don't be angry* if I cannot" + inf.

οὗτοι: "as *these* can" i.e. Athena and Hermes

ὑποκρίνεσθαι μηδὲ ῥαψῳδεῖν: pres. inf., referring respectively to the performance of drama and epic

καταπεπώκαμεν: perf. of καταπίνω, "if I *have* not *gulped down*"

ὥστε ... ὑποτραγῳδεῖν: pres. inf. in result clause, "*so as to play tragic parts in subordination* to you"

ΖΕΥΣ:

Οὐκ οἶσθ', ἐπεί τοι κἂν ἐκώκυες μέγα.

ΗΡΑ:

Οἶδα τὸ κεφάλαιον αὐτὸ ὧν πάσχεις ὅτι ἐρωτικόν ἐστιν· οὐ μὴν κωκύω γε ὑπὸ ἔθους, ἤδη πολλάκις ὑβρισθεῖσα ὑπὸ σοῦ τὰ τοιαῦτα. εἰκὸς γοῦν ἤτοι Δανάην τινὰ ἢ Σεμέλην ἢ Εὐρώπην αὖθις εὑρόντα σε ἀνιᾶσθαι ὑπὸ τοῦ ἔρωτος, εἶτα βουλεύεσθαι ταῦρον ἢ σάτυρον ἢ χρυσὸν γενόμενον ῥυῆναι διὰ τοῦ ὀρόφου εἰς τὸν κόλπον τῆς ἀγαπωμένης· τὰ σημεῖα

ἀγαπάω: to love
ἀνιάω: to grieve, annoy
αὖθις: again
βουλεύω: to take counsel, plan
γοῦν: at least then, at any rate
Δανάη, ἡ: Danae, mother of Perseus by Zeus
ἔθος, -εος, τό: a custom, habit
εἰκός, -ότος, τό: likely, probable
ἔρως, ἔρωτος, ὁ: love
ἐρωτικός, -ή, -όν: amatory, romantic
εὑρίσκω: to find
Εὐρώπη, ἡ: Europa, mother of Minos by Zeus
ἤτοι: now surely, truly, verily
κεφάλαιον, τό: the main point

κόλπος, ὁ: bosom, lap
κωκύω: to shriek, wail
οἶδα: to know (*perf.*)
ὄροφος, ὁ: a roof
πάσχω: to suffer
πολλάκις: many times, often
ῥέω: to flow
σάτυρος, ὁ: a satyr
Σεμέλη, ἡ: mother of Dionysus by Zeus
σημεῖον, τό: a sign, token
ταῦρος, ὁ: a bull
τοι: let me tell you, surely
ὑβρίζω: to wrong
χρυσός, ὁ: gold

ἀγνοεῖν: pres. inf. in ind. st. after **νομίζεις**, "do you suppose *that we are ignorant*"

κἂν (= καὶ ἂν) ἐκώκυες: impf. in present contrafactual with protasis implied, "since (if you did know) *you would also be shrieking.*" This line is another fragment from Euripides (*TGrF* vol. 5.2, 940a)

ὧν: rel. pron. attracted into the case of its antecedent, "(of the things) *which* you suffer"

οὐ μὴν ... γε: "I am certainly not..."

ὑπὸ ἔθους: the agency expression, "at the hands of your habits"

ὑβρισθεῖσα: aor. pass. part., "I *having been wronged*"

εὑρόντα: aor. part. circum. agreeing with σε, "that you, *having found*"

ἀνιᾶσθαι: pres. inf. pass. after εἰκὸς, "likely *that you are annoyed*"

γενόμενον: aor. part. circum. also agreeing with σε, "that you, *having become* gold," as Zeus is reputed to have done to ravish Danae

ῥυῆναι: aor. inf. pass. of ῥέω after βουλεύεσθαι, "you plan *to flow*" i.e. in the form of golden rain

τῆς ἀγαπωμένης: pres. part. pass. attributive, "lap *of your beloved*" γὰρ ταῦτα, οἱ στεναγμοὶ καὶ τὰ δάκρυα καὶ τὸ ὠχρὸν εἶναι, οὐκ ἄλλου του ἢ ἔρωτός ἐστιν.

ΖΕΥΣ:

Ὦ μακαρία, ἥτις ἐν ἔρωτι καὶ ταῖς τοιαύταις παιδιαῖς οἴει τὰ πράγματα ἡμῖν εἶναι.

ΗΡΑ:

Ἀλλὰ τί ἄλλο, εἰ μὴ τοῦτο, ἀνιᾷ σε Δία ὄντα;

ΖΕΥΣ:

Ἐν ἐσχάτοις, ὦ Ἥρα, τὰ θεῶν πράγματα, καὶ τοῦτο δὴ τὸ τοῦ λόγου, ἐπὶ ξυροῦ ἕστηκεν εἴτε χρὴ τιμᾶσθαι ἡμᾶς ἔτι καὶ τὰ γέρα ἔχειν τἀν τῇ γῇ εἴτε καὶ ἠμελῆσθαι παντάπασι καὶ τὸ μηδὲν εἶναι δοκεῖν.

ἀμελέω: to neglect
ἀνιάω: to grieve, distress
γέρας, -αος τό: a gift of honour
γῆ, ἡ: earth
δάκρυον, τό: a tear
δοκέω: to seem to, to appear to (+ *inf.*)
εἴτε ... εἴτε: whether ... or...
ἔρως, ἔρωτος, τό: love
ἔσχατος, -η, -ον: outermost, extreme
ἵστημι: to make to stand

μακάριος, -α, -ον: blessed, happy
ξυρόν, τό: a razor
οἴομαι: to suppose, think, imagine
παιδιή, ἡ: childish sport
παντάπασι: altogether, wholly
πρᾶγμα, -ατος, τό: a deed; (*pl.*) business
στεναγμός, ὁ: a groaning, moaning
τιμάω: to honor
χρή: it is necessary
ὠχρός, -ά, -όν: pale

τὸ ὠχρὸν εἶναι: articular inf., "the being pale"
ἔρωτος: gen. of comparison after ἤ, "of anything other than *love*"
ἥτις: indef. rel., "you *who(ever)* suppose," i.e. you who are such a one as to suppose
ὄντα: pres. part. causal, "*since you are* Zeus"
ἐν ἐσχάτοις: "*in the most extreme* (misfortunes)"
τοῦτο δὴ τὸ τοῦ λόγου: "this is the (circumstance) of the saying" i.e. as the saying goes
ἐπὶ ξυροῦ ἕστηκεν: perf. of ἵστημι, "it stands on the razor's edge," a phrase from tragedy
τιμᾶσθαι: pres. inf. pass. after χρή, "whether it is necessary for us *to be honored*"
τἀν (= τὰ ἐν): "*and the things on* earth"
ἠμελῆσθαι: perf. inf. pass. of ἀμελέω also after χρή, "necessary to be neglected"
τὸ μηδὲν εἶναι: articular inf., "the being nothing"

ΗΡΑ:

Μῶν ἢ Γίγαντάς τινας αὖθις ἡ γῆ ἔφυσεν, ἢ οἱ Τιτᾶνες διαρρήξαντες τὰ δεσμὰ καὶ τῆς φρουρᾶς ἐπικρατήσαντες αὖθις ἡμῖν ἐναντία αἴρονται τὰ ὅπλα;

ΖΕΥΣ:

Θάρσει, τὰ νέρθεν ἀσφαλῶς ἔχει θεοῖς.

ΗΡΑ:

Τί οὖν ἄλλο δεινὸν ἂν γένοιτο; οὐχ ὁρῶ γάρ, ὅτε μὴ τὰ τοιαῦτα παραλυποῖ, ἐφ᾽ ὅτῳ Πῶλος ἢ Ἀριστόδημος ἀντὶ Διὸς ἡμῖν ἀναπέφηνας.

αἴρω: to take up, lift up
ἀναφαίνω: to appear plainly
Ἀριστόδημος, ὁ: Aristodemus, a tragic actor
ἀσφαλής, -ές: steadfast, safe
αὖθις: again
Γίγας, -αντος, ὁ: earthborn, Giant
δεινός, -ή, -όν: fearful, terrible
δέσμα, -ατος, τό: a bond, fetter
διαρρήγνυμι: to break through, cleave asunder
ἐναντίος, -α, -ον: in opposition to (+ *dat.*)
ἐπικρατέω: to rule over, overpower
θαρσέω: to be of good courage, take heart
μῶν: surely not?
νέρθε: from beneath, from below
ὅπλον, τό: a weapon
παραλυπέω: to grieve besides
Πῶλος, ὁ: Polos, a tragic actor
Τιτάν, -ᾶνος ὁ: a Titan
φρουρά, ἡ: a guard
φύω: to bring forth, produce

μῶν: "surely not?" expecting a negative response
γίγαντας: literally, "earthborn." The battles against the Giants and Titans are narrated in Hesiod, *Theogony* and frequently depicted in art.
διαρρήξαντες: aor. part. of διαρρήγνυμι, "they *having broken asunder.*" The Titans were chained in Hades after their defeat
τὰ νέρθεν: "the things below (the earth)." The line is an imitation of Eurip. *Phoen.* 117
ἀσφαλῶς ἔχει: an adverb with ἔχω often describes a state, "they are safe"
θεοῖς: dat. of advantage, "safe *for the gods*"
ἂν γένοιτο: aor. opt. pot., "what could happen?"
ὅτε μὴ ... παραλυποῖ: pres. opt. in temporal clause serving as a present general protasis, "*when* (= if) such things *do not grieve* you"
ἐφ᾽ ὅτῳ ... ἀναπέφηνας: perf. act. 2 s. in ind. quest. after ὁρῶ, "I do not see *why you have appeared*"
Πῶλος ἢ Ἀριστόδημος: nom. pred. after ἀναπέφηνας, "you have appeared (to be) *Polos or Aristodemos*" both famous tragic actors

ΖΕΥΣ:

Τιμοκλῆς, ὦ Ἥρα, ὁ Στωϊκὸς καὶ Δᾶμις ὁ Ἐπικούρειος χθές, οὐκ οἶδα ὅθεν σφίσιν ἀρξαμένου τοῦ λόγου, προνοίας πέρι διελεγέσθην παρόντων μάλα συχνῶν καὶ δοκίμων ἀνθρώπων, ὅπερ μάλιστα ἠνίασέ με: καὶ ὁ μὲν Δᾶμις οὐδ᾽ εἶναι θεοὺς ἔφασκεν, οὐχ ὅπως τὰ γινόμενα ἐπισκοπεῖν ἢ διατάττειν, ὁ Τιμοκλῆς δὲ ὁ βέλτιστος ἐπειρᾶτο συναγωνίζεσθαι ἡμῖν: εἶτα ὄχλου πολλοῦ ἐπιρρυέντος οὐδὲν πέρας ἐγένετο τῆς συνουσίας: διελύθησαν γὰρ εἰσαῦθις ἐπισκέψεσθαι τὰ

ἀνιάω: to grieve, distress
ἄρχομαι: to begin (+ *gen.*)
βέλτιστος, -η, -ον: best
γίνομαι: to happen, become
διαλέγομαι: to discuss
διαλύω: to loose one from another, undo
διατάττω: to ordain, dispose
δόκιμος, -ον: reputable
εἰσαῦθις: hereafter, afterwards
ἐπιρρέω: to flow upon, collect
ἐπισκοπέω: to oversee, review, meditate on
μάλα: very, much

ὅσπερ, ἥπερ, ὅπερ: the very one who, the very thing which
ὄχλος, ὁ: a crowd
πάρειμι: to be present
πειράω: to attempt, try to (+ *inf.*)
πέρας, -ατος, τό: an end, conclusion
πολύς, πολλά, πολύ: many
πρόνοια, ἡ: foresight, foreknowledge
συναγωνίζομαι: to contend along with, to defend (+ *dat.*)
συνουσία, ἡ: a conversation
συχνός, -ον: long, large
φάσκω: to affirm; (+ οὐ) to deny
χθές: yesterday

Τιμοκλῆς ὁ Στωϊκὸς:
Δᾶμις ὁ Ἐπικούρειος:
ἀρξαμένου: aor. part. in gen. abs. in ind. st. after οἶδα, "I do not know whence the argument *began*"
προνοίας πέρι: antistrophe for περὶ προνοίας
διελεγέσθην: aor. pass. with middle sense, "they discussed"
παρόντων: pres. part. in gen. abs., "many people *being present*"
ὅπως: introducing ind. quest. after οὐχ ἔφασκεν, "he denies how" + inf., i.e. "he denies that..."
ἐπιρρυέντος: aor. part. pass. in gen. abs., "a crowd *having been collected*"
διελύθησαν: aor. pass. of δια-λύω, "they broke up"

λοιπὰ συνθέμενοι, καὶ νῦν μετέωροι πάντες εἰσίν, ὁπότερος κρατήσει καὶ ἀληθέστερα δόξει λέγειν.

ὁρᾶτε τὸν κίνδυνον, ὡς ἐν στενῷ παντάπασι τὰ ἡμέτερα, ἐν ἑνὶ ἀνδρὶ κινδυνευόμενα; καὶ δυοῖν θάτερον ἢ παρεῶσθαι ἀνάγκη, ὀνόματα μόνον εἶναι δόξαντας, ἢ τιμᾶσθαι ὥσπερ πρὸ τοῦ, ἢν ὁ Τιμοκλῆς ὑπέρσχῃ λέγων.

HPA:

Δεινὰ ταῦτα ὡς ἀληθῶς, καὶ οὐ μάτην, ὦ Ζεῦ, ἐπετραγῴδεις αὐτοῖς.

ἀληθέστερος, -α, -ον: more true
ἀνάγκη, ἡ: force, necessity
ἀνήρ, ἀνδρός, ὁ: a man
δεινός, -ή, -όν: fearful, terrible
εἷς, μία, ἕν: one
ἐπιτραγῳδέω: to make into a tragic story, exaggerate
κινδυνεύω: to take the risk
κίνδυνος, ὁ: a danger, risk
κρατέω: to be strong, win
λοιπός, -ή, -όν: remaining, the rest
μάτην: in vain, idly

μετέωρος, -ον: raised from the ground, (to be) in suspense
μόνον (adv.): only
ὄνομα, -ατος, τό: a name
ὁπότερος, -α, -ον: which of two
παντάπασι: all in all, altogether
παρωθέω: to push aside, reject
στενός, -ή, -όν: narrow, tight
συντίθημι: to put together, agree
τιμάω: to honor
ὑπερέχω: to excel, prevail

συνθέμενοι: aor. part. of συν-τίθημι, they *having agreed* + inf.

κινδυνευόμενα: pres. pass. part. in ind. st. after ὁρᾶτε, "do you see that our things *are being risked?*"

δυοῖν: gen. dual, "of the two things"

θάτερον (= τὸ ἕτερον) ἢ ... ἢ: "of the two *either one ... or*"

παρεῶσθαι: perf. inf. pass. of παρα-ωθέω after ἀνάγκη, "it is necessary for us *to be pushed aside*"

δόξαντας: aor. part. of δοκέω, "us *having seemed*" + inf.

πρὸ τοῦ (sc. χρόνου): "just as *before*"

ἢν ... ὑπέρσχῃ: aor. subj. of ὑπερ-έχω in future more vivid protasis, "if Timocles prevails"

ΖΕΥΣ:

Σὺ δὲ ᾤου Δανάης τινὸς ἢ Ἀντιόπης εἶναι μοι λόγον ἐν ταράχῳ τοσούτῳ. τί δ' οὖν, ὦ Ἑρμῆ καὶ Ἥρα καὶ Ἀθηνᾶ, πράττοιμεν ἄν; συνευρίσκετε γὰρ καὶ αὐτοὶ τὸ μέρος.

ΕΡΜΗΣ:

Ἐγὼ μὲν ἐπὶ τὸ κοινόν φημι δεῖν τὴν σκέψιν ἐπανενεγκεῖν ἐκκλησίαν συναγαγόντα.

ΗΡΑ:

Κἀμοὶ ταὐτὰ συνδοκεῖ ἅπερ καὶ τούτῳ.

ΑΘΗΝΗ:

Ἀλλ' ἐμοὶ τἀναντία δοκεῖ, ὦ πάτερ, μὴ συνταράττειν τὸν οὐρανὸν μηδὲ δῆλον εἶναι θορυβούμενον τῷ πράγματι,

---

Ἀντιόπη, ἡ: Antiope, mother of Amphion of Thebes by Zeus
δῆλος, -η, -ον: visible, clear
ἐκκλησία, ἡ: an assembly
ἐναντίος, -α, -ον: opposite
ἐπανήνεγκον: to refer (aor.)
θορυβέω: to make an uproar, be disturbed
κοινός, -ή, -όν: common, public
μέρος, -εος, τό: a part, share
οὐρανός, ὁ: heaven

πρᾶγμα, -ατος, τό: a deed, act
πράττω: to do
σκέψις, -εως, ἡ: speculation, inquiry
συνάγω: to bring together, convene
συνδοκέω: to seem good also
συνευρίσκω: to discover along with
συνταράττω: to confound, disturb
τάραχος, ὁ: disturbance, disorder
ταὐτός, -ή, -όν: identical
τοσοῦτος, -αύτη, -οῦτο: so large, so much

ᾤου: impf. of οἴομαι, "do you suppose?"
πράττοιμεν: pres. opt. pot., "what can we do?"
συνευρίσκετε: imper., "seek to discover also!"
ἐπὶ τὸ κοινόν: "refer it *to the state*"
δεῖν: pres. inf. after φημι, "I say that it is necessary" + inf.
ἐπανενεγκεῖν: aor. inf. of ἐπι-ανα-φέρω after δεῖν, "necessary *to refer*"
συναγαγόντα: aor. part. agreeing with an unexpressed acc. subject of ἐπανενεγκεῖν, "necessary that (someone) *having convened*"
ἅπερ καὶ τούτῳ: "the same *as to this one*" i.e. Hermes
θορυβούμενον· pres. part. mid. supplementing δῆλον εἶναι, "not to be clearly *making an uproar*"

πράττειν δὲ ἰδίᾳ ταῦτα ἐξ ὧν κρατήσει μὲν ὁ Τιμοκλῆς λέγων, ὁ Δᾶμις δὲ καταγελασθεὶς ἄπεισιν ἐκ τῆς συνουσίας.

ΕΡΜΗΣ:

Ἀλλ' οὔτε ἀγνοήσεται ταῦτα, ὦ Ζεῦ, ἐν φανερῷ ἐσομένης τῆς ἔριδος τοῖς φιλοσόφοις, καὶ δόξεις τυραννικὸς εἶναι μὴ κοινούμενος περὶ τῶν οὕτω μεγάλων καὶ κοινῶν ἅπασιν.

ΖΕΥΣ:

Οὐκοῦν ἤδη κήρυττε καὶ παρέστωσαν ἅπαντες· ὀρθῶς γὰρ λέγεις.

ΕΡΜΗΣ:

Ἰδοὺ δὴ εἰς ἐκκλησίαν συνέλθετε οἱ θεοί· μὴ μέλλετε, συνέλθετε πάντες, ἥκετε, περὶ μεγάλων ἐκκλησιάσομεν.

ἀγνοέω: not to perceive, not to know
ἐκκλησιάζω: to hold an assembly
ἔρις, -ιδος, ἡ: strife, debate, contention
ἥκω: to have come, be present
ἴδιος, -α, -ον: one's own, private
καταγελάω: to laugh at, jeer at
κηρύττω: to be a herald, announce
κοινός, -ή, -όν: shared in common
κοινόω: to make common, communicate

κρατέω: to be strong, prevail
μέλλω: to be about to do
ὀρθός, -ή, -όν: straight, correct
οὐκοῦν: therefore, accordingly
πάρειμι: to be present
συνῆλθον: to come together (*aor.*)
συνουσία, ἡ: conversation
τυραννικός, -ή, -όν: despotic
φανερός, -ά, -όν: open to sight, public

ἰδίᾳ: dat. adverbial, "to do *privately*"
καταγελασθείς: aor. part. pass., "he *having been laughed at*"
ἄπεισιν: fut. of ἀπο-έρχομαι: "he will depart"
οὔτε ἀγνοήσεται: fut. pass., "they will not fail to be perceived"
ἐσομένης: fut. part. in gen. abs. causal, "since the quarrel *will be* public"
μὴ κοινούμενος: pres. part. conditional representing a pres. subj. in a future more vivid protasis, "if not communicating publicly"
ἅπασιν: dat. after κοινῶν, "matters common *to all*"
παρέστωσαν: pres. imper. 3 pl. of πάρειμι, "Let all be present!"
ἰδού: aor. imper. of εἶδον, "behold!"
μὴ μέλλετε: pres. imper., "don't be about to!" i.e. don't hesitate!

ΖΕΥΣ:

Οὕτω ψιλά, ὦ Ἑρμῆ, καὶ ἁπλοϊκὰ καὶ πεζὰ κηρύττεις, καὶ ταῦτα ἐπὶ τοῖς μεγίστοις συγκαλῶν;

ΕΡΜΗΣ:

Ἀλλὰ πῶς γάρ, ὦ Ζεῦ, ἀξιοῖς;

ΖΕΥΣ:

Ὅπως ἀξιῶ; ἀποσέμνυνε, φημί, τὸ κήρυγμα μέτροις τισὶ καὶ μεγαλοφωνίᾳ ποιητικῇ, ὡς μᾶλλον συνέλθοιεν.

ΕΡΜΗΣ:

Ναί. ἀλλ' ἐποποιῶν, ὦ Ζεῦ, καὶ ῥαψῳδῶν τὰ τοιαῦτα, ἐγὼ δὲ ἥκιστα ποιητικός εἰμι: ὥστε διαφθερῶ τὸ κήρυγμα ἢ ὑπέρμετρα ἢ ἐνδεᾶ συνείρων, καὶ γέλως ἔσται παρ' αὐτοῖς ἐπὶ

ἀξιόω: to think worthy of, to ask
ἁπλοϊκός, -όν: simple, straightforward
ἀποσεμνύνω: to make august, glorify
γέλως, -ωτος, ὁ: laughter
διαφθείρω: to destroy utterly
ἐνδεής, -ές: insufficient, lacking
ἐποποιός, ὁ: an epic poet
ἥκιστος, -η, -ον: least
κήρυγμα, -ατος, τό: a proclamation, public notice
κηρύττω: to announce, herald
μεγαλοφωνία, ἡ: grandiloquence

μέγιστος, -η, -ον: greatest
μέτρον, τό: meter (of poetry)
πεζός, -ή, -όν: on foot, prosaic
ποιητικός, -ή, -όν: poetic
ῥαψῳδός, ὁ: a reciter, rhapsode
συγκαλέω: to convoke, convene
συνείρω: to string together, compose
συνῆλθον: to assemble, come together (aor.)
ὑπέρμετρος, -ον: beyond all measure, excessive
ψιλός, -η, -ον: bare, bald

πῶς γάρ: "but *how then?*" implying surprise at the previous statement
ὅπως ἀξιῶ: ind. quest., "(do you ask) how I would ask?"
ὡς ... συνέλθοιεν: aor. opt. of συνέρχομαι in purpose clause, where the subjunctive would be expected, "so that they would come"
διαφθερῶ: fut. in result clause, "and so *I will destroy*"
συνείρων: pres. part. instrumental, "either *by composing* excessive things" i.e. too many metrical measures

τῇ ἀμουσίᾳ τῶν ἐπῶν: ὁρῶ γοῦν καὶ τὸν Ἀπόλλω γελώμενον ἐπ' ἐνίοις τῶν χρησμῶν, καίτοι ἐπικρυπτούσης τὰ πολλὰ τῆς ἀσαφείας, ὡς μὴ πάνυ σχολὴν ἄγειν τοὺς ἀκούοντας ἐξετάζειν τὰ μέτρα.

ΖΕΥΣ:

Οὐκοῦν, ὦ Ἑρμῆ, τῶν Ὁμήρου ἐπῶν ἐγκαταμίγνυε τὰ πολλὰ τῷ κηρύγματι, οἷς ἐκεῖνος ἡμᾶς συνεκάλει: μεμνῆσθαι δέ σε εἰκός.

ΕΡΜΗΣ:

Οὐ πάνυ μὲν οὕτω σαφῶς καὶ προχείρως: πειράσομαι δὲ ὅμως.

ἀμουσία, ἡ: want of refinement, rudeness, grossness
ἀσάφεια, ἡ: indistinctness, obscurity
γελάω: to laugh
γοῦν: at least then, at any rate, any way
ἐγκαταμίγνυμι: to mix X (*acc.*) in with Y (*dat.*)
εἰκός, -ότος, τό: like truth, fitting
ἔνιοι, -αι, -α: some
ἐξετάζω: to examine well or closely
ἐπικρύπτω: to throw a cloak over, conceal
ἔπος, -εος, τό: a word

μέτρον, τό: meter (of a poem)
μιμνήσκω: to remind, put
Ὅμηρος, ὁ: Homer
ὅμως: nevertheless
οὐκοῦν: therefore, then, accordingly
πειράω: to attempt, try
πρόχειρος, -ον: at hand, ready
σαφής, -ές: clear, plain
συγκαλέω: to convoke, convene
σχολή, ἡ: spare time, leisure, rest, ease
χρησμός, ὁ: oracular response

γελώμενον: pres. part. pass. in ind. st. after ὁρῶ, "I see *that Apollo is laughed at*"
ἐπικρυπτούσης: pres. part. concessive in gen. abs., "even though the obscurity is hiding"
ὡς μὴ ... ἄγειν: pres. inf. in result clause, "so that they do not have the leisure"
τοὺς ἀκούοντας: pres. part. acc. subject of ἄγειν, "so that *those listening* do not have"
ἐξετάζειν: pres. inf. epexegetic after σχολήν, "the leisure *to examine*"
ἐγκαταμίγνυε: imper., "and so *mix in* many things *with* your proclamation!"
ἐκεῖνος: "that one" i.e. Homer
συνεκάλει: impf., "that one *used to summon*"
μεμνῆσθαι: perf. inf. epexegetic after εἰκός, "fitting *to remember*"

Μήτε τις οὖν θήλεια θεὸς ... μήτε τις ἄρσην,
μηδ' αὖ τῶν ποταμῶν μενέτω νόσφ' Ὠκεανοῖο
μηδέ τε νυμφάων, ἀλλ' ἐς Διὸς ἔλθετε πάντες
εἰς ἀγορήν, ὅσσοι τε κλυτὰς δαίνυσθ' ἑκατόμβας,
ὅσσοι τ' αὖ μέσατοι ἢ ὕστατοι ἢ μάλα πάγχυ
νώνυμνοι βωμοῖσι παρ' ἀκνίσοισι κάθησθε.

ΖΕΥΣ:

Εὖ γε, ὦ Ἑρμῆ, ἄριστα κεκήρυκταί σοι, καὶ συνία-
σι γὰρ ἤδη· ὥστε παραλαμβάνων κάθιζε αὐτοὺς κατὰ τὴν
ἀξίαν ἕκαστον, ὡς ἂν ὕλης ἢ τέχνης ἔχῃ, ἐν προεδρίᾳ μὲν

ἀγορά, -ῆς, ἡ: an assembly
ἄκνισος, -ον: without the fat of sacrifices
ἀξία, ἡ: value, worth
ἄριστος, -η, -ον: best
ἄρσην, -εν: male
αὖ: again
βωμός, ὁ: an altar
δαίνυμι: to divide, feast on (*mid.*)
ἕκαστος, -η, -ον: each, each one
ἑκατόμβη, ἡ: an offering of a hundred oxen, hecatomb
θῆλυς, θήλεια, θῆλυ: female
κάθημαι: to be seated
καθίζω: to make to sit down, seat
κηρύττω: to be a herald, officiate as herald
κλυτός, -ή, -όν: famous

μάλα (*adv.*): very, much
μένω: to stay where one is
μέσατος, -η, -ον: middling
νόσφι: aloof, apart from (+ *gen.*)
νύμφη, ἡ: nymph, a minor deity of springs
νώνυμνος, -ον: nameless
πάγχυ (*adv.*): wholly, entirely
παραλαμβάνω: to undertake, take it upon oneself
ποταμός, ὁ: a river, stream
προεδρία, ἡ: the privilege of the front seats
σύνειμι: to assemble
τέχνη, ἡ: art, skill
ὕλη, ἡ: material
ὕστατος, -η, -ον: lowest
Ὠκεανός, -οῦ, ὁ: Oceanus

μηδε ... μενέτω: pres. imper. 3 s., "let none remain!" cf. *Iliad* 8.7
Ὠκεανοῖο: epic gen. after νόσφι, "except for *Oceanus*" cf. *Iliad* 20.7
ἐς ... ἔλθετε: aor. of ἐς-ἔρχομαι in tmesis, "all *approach*!"
βωμοῖσι παρ' ἀκνίσοισι: epic dat. pl., "sit by *altars with no fat*" i.e. with no sacrifices on them
κεκήρυκται: perf. pass. of κηρύσσω, "*it has been heralded* well by you"
ὡς ἂν ... ἔχῃ: pres. subj. in pres. gen. clause, "however (each one) is" i.e. according to how each one is in regard to + gen.
ὕλης ἢ τέχνης: gen. after ἔχῃ, "how each one is *in material or craftsmanship*"

τοὺς χρυσοῦς, εἶτα ἐπὶ τούτοις τοὺς ἀργυροῦς, εἶτα ἐξῆς ὁπόσοι ἐλεφάντινοι, εἶτα τοὺς χαλκοῦς ἢ λιθίνους, καὶ ἐν αὐτοῖς τούτοις οἱ Φειδίου μὲν ἢ Ἀλκαμένους ἢ Μύρωνος ἢ Εὐφράνορος ἢ τῶν ὁμοίων τεχνιτῶν προτετιμήσθων, οἱ συρφετώδεις δὲ οὗτοι καὶ ἄτεχνοι πόρρω που συνωσθέντες σιωπῇ ἀναπληρούντων μόνον τὴν ἐκκλησίαν.

Coin depicting Phidias' statue of Zeus at Olympia. From Elis, in southern Greece.

ἀναπληρόω: to fill up
ἀργύρεος, -ᾶ, -οῦν: silver
ἄτεχνος, -ον: without art
ἐκκλησία, ἡ: an assembly
ἐλεφάντινος, -η, -ον: ivory
ἑξῆς: in order, in a row
λίθινος, -η, -ον: of stone
μόνον (adv.): only
ὅμοιος, -α, -ον: like, resembling

ὁπόσος, -η, -ον: as many as
πόρρω (adv.): further
προτιμάω: to honour
σιωπή, ἡ: silence
συνωθέω: to force together
συρφετώδης, -ες: jumbled together
τεχνίτης, -ου, ὁ: an artificer, craftsman
χαλκοῦς, -ῆ, -οῦν: of copper
χρύσεος, -ῆ, -οῦν: golden

οἱ Φειδίου: "and among these, let *those of Phidias*," the legendary sculptor of Zeus at Olympia and Athena in the Parthenon

Ἀλκαμένους: Alcamenes was a student of Phidas and sculptor of famous marble statues of Hephaistus and Aphrodite

Μύρωνος: Myron of Eleutherae was known for his bronze sculptures of athletes

Εὐφράνορος: Euphranor of Corinth was a famous sculptor and painter

προτετιμήσθων: perf. pass. imper. 3 pl., "Let those be honored more!"

πόρρω που: "forced together *further off somewhere*"

συνωσθέντες: aor. pass. part., "those having been forced together"

σιωπῇ: dat. of manner, "in silence"

ἀναπληρούντων: pres. imper. 3 pl., "let them fill up!"

ΕΡΜΗΣ:

Ἔσται ταῦτα καὶ καθεδοῦνται ὡς προσήκει. ἀλλ' ἐκεῖνο οὐ χεῖρον εἰδέναι, ἤν τις αὐτῶν χρυσοῦς μὲν ᾖ καὶ πολυτάλαντος τὴν ὁλκήν, οὐκ ἀκριβὴς δὲ τὴν ἐργασίαν, ἀλλὰ κομιδῇ ἰδιωτικὸς καὶ ἀσύμμετρος, πρὸ τῶν χαλκῶν τῶν Μύρωνος καὶ Πολυκλείτου καὶ τῶν Φειδίου καὶ Ἀλκαμένους λιθίνων καθεδεῖται ἢ προτιμοτέραν χρὴ νομίζειν εἶναι τὴν τέχνην;

ΖΕΥΣ:

Ἐχρῆν μὲν οὕτως, ἀλλ' ὁ χρυσὸς ὅμως προτιμητέος.

ἀκριβής, -ές: made or done to a nicety
ἀσύμμετρος, -ον: asymmetrical
ἐργασία, ἡ: workmanship
ἰδιωτικός, -ή, -όν: unprofessional
καθέζομαι: to sit down, take one's seat
κομιδῇ: exactly, just
λίθινος, -η, -ον: of stone
νομίζω: to consider
ὁλκή, ἡ: weight

πολυτάλαντος, -ον: worth many talents
προσήκω: to be fitting
προτιμάω: to prefer before
πρότιμοτερος, -α, -ον: more honoured
χάλκεος -ῆ, -οῦν: of copper or bronze,
χείρων, -ον: worse, meaner, inferior
χρή: it is necessary (+ *inf*.)
χρυσός, ὁ: gold

ἐκεῖνο οὐ χεῖρον εἰδέναι: "this is no worse to know" i.e. we may as well know this, indicating an additional question
ἤν τις … ᾖ: pres. subj. in future more vivid protasis, "if anyone is"
τὴν ὁλκήν … τὴν ἐργασίαν: acc. of respect, "costly *in weight* … inexact *in craftmanship*"
Πολυκλείτου: Polykleitos was another famous sculptor, who like Myron worked in bronze
καθεδεῖται: fut., "will he be seated before (πρὸ)?" + gen.
προτιμοτέραν: acc. pred. after εἶναι, "the skill to be *more honored*"
νομίζειν: pres. inf. after χρή, "it it necessary *to consider?*"
εἶναι: pres. inf. in ind. st. after νομίζειν, "consider the art *to be*"
ἐχρῆν: impf. indicating contrafactual, "*it should be* thus" i.e. but is not
προτιμητέος: verbal adj. indicating necessity, "gold *must be preferred*"

ΕΡΜΗΣ:

Μανθάνω· πλουτίνδην κελεύεις ἀλλὰ μὴ ἀριστίνδην καθίζειν, καὶ ἀπὸ τιμημάτων· ἥκετ' οὖν εἰς τὴν προεδρίαν ὑμεῖς οἱ χρυσοῖ.

ἐοίκασι δ' οὖν, ὦ Ζεῦ, οἱ βαρβαρικοὶ προεδρεύσειν μόνοι· ὡς τούς γε Ἕλληνας ὁρᾷς ὁποῖοί εἰσι, χαρίεντες μὲν καὶ εὐπρόσωποι καὶ κατὰ τέχνην ἐσχηματισμένοι, λίθινοι δὲ ἢ χαλκοῖ ὅμως ἅπαντες ἢ οἵ γε πολυτελέστατοι αὐτῶν ἐλεφάντινοι ὀλίγον ὅσον τοῦ χρυσοῦ ἐπιστίλβον ἔχοντες, ὡς ἐπικεχράνθαι καὶ ἐπηυγάσθαι μόνον, τὰ δὲ ἔνδον ὑπόξυλοι καὶ οὗτοι, μυῶν ἀγέλας ὅλας ἐμπολιτευομένας σκέποντες·

ἀγέλη, ἡ: a herd
ἀριστίνδην (adv.): according to birth or merit
βαρβαρικός, -ή, -όν: barbaric, foreign
ἐλεφάντινος, -η, -ον: ivory
Ἕλλην, -ηνος, ὁ: a Greek
ἐμπολιτεύω: to be a citizen, populate
ἔνδον (adv.): in, within
ἔοικα: to seem good (+ inf.) (perf.)
ἐπαυγάζομαι: to brighten on the surface
ἐπιστίλβω: to glisten on the surface, gleam
ἐπιχραίνω: to color on the surface
εὐπρόσωπος, -ον: fair of face
ἥκω: to be here, come
καθίζω: to make to sit down, seat
κελεύω: to bid, command (+ inf.)
λίθινος, -η, -ον: of stone

μανθάνω: to understand
μόνος, -η, -ον: alone, only
μῦς, μυός, ὁ: a mouse
ὀλίγος, -η, -ον: few, little, scanty, small
ὅλος, -η, -ον: whole, entire
ὁποῖος: of what sort or quality
πλουτίνδην (adv.): according to wealth
πολυτελής, -ές: very expensive
προεδρεύω: to sit in front
προεδρία, ἡ: the privilege of the front seats
σκέπω: to cover, shelter
σχηματίζω: to shape or form
τίμημα, -ατος, τό: an estimate, valuation
ὑπόξυλος, -ον: wooden underneath
χαρίεις, -εσσα, -εν: graceful, beautiful, lovely

ἥκετε: imper., "you all come!"
ὡς τούς γε Ἕλληνας: "so far as the Greeks are concerned"
ἐσχηματισμένοι: perf. part. pass., "they *having been formed*"
οἵ γε πολυτελέστατοι: "even the most costly"
ὀλίγον ... ἔχοντες: pres. part., "they *having only a little* of gold"
ὅσον ἐπιστίλβον: pres. part., "as much as is gleaming"
ἐπικεχράνθαι: perf. inf. of ἐπι-χραίνω in result clause, "so that it is tinged with color"
ἐπηυγάσθαι: perf. inf. of ἐπι-αυγάζομαι in result clause, "so that it is brightened superficially"

ἡ Βενδῖς δὲ αὕτη καὶ ὁ Ἄνουβις ἐκεινοσὶ καὶ παρ' αὐτὸν ὁ Ἄττις καὶ ὁ Μίθρης καὶ ὁ Μὴν ὁλόχρυσοι καὶ βαρεῖς καὶ πολυτίμητοι ὡς ἀληθῶς.

ΠΟΣΕΙΔΩΝ:

Καὶ ποῦ τοῦτο, ὦ Ἑρμῆ, δίκαιον, τὸν κυνοπρόσωπον τοῦτον προκαθίζειν μου τὸν Αἰγύπτιον, καὶ ταῦτα Ποσειδῶνος ὄντος;

ΕΡΜΗΣ:

Ναί, ἀλλὰ σὲ μέν, ὦ ἐννοσίγαιε, χαλκοῦν ὁ Λύσιππος καὶ πτωχὸν ἐποίησεν, οὐκ ἐχόντων τότε Κορινθίων χρυσόν· οὗτος δὲ ὅλοις μετάλλοις πλουσιώτερός ἐστιν. ἀνέχεσθαι οὖν

Αἰγύπτιος, -α, -ον: Egyptian
ἀνέχομαι: to endure
βαρύς, -εῖα, -ύ: heavy
δίκαιος, -α -ον: just
Ἐννοσίγαιος, ὁ: the Earth-shaker
Κορίνθιος, -α, -ον: Corinthian
κυνοπρόσωπος, -ον: dog-faced
μέταλλον, τό: a mine, metal
ναί: yes indeed
ὁλόχρυσος, -ον: of solid gold

πλούσιος, -α, -ον: rich, wealthy
ποιέω: to make
πολυτίμητος, -ον: highly honoured
Ποσειδῶν, -ῶνος, ὁ: Poseidon
προκαθίζω: to sit down before (+ gen.)
πτωχός, -ή, -όν: a beggar
τότε: at that time, then
χάλκεος, -ῆ, -οῦν: of bronze
χρυσός, ὁ: gold

Βενδῖς: a Thracian moon goddess whose festivals were celebrated at night
Ἄνουβις: Egyptian jackal-headed god of mummification
Ἄττις: a Phrygian diety with orgiastic rites involving self-mutilation
Μίθρας: a Persian deity whose mysteries were celebrated in Roman times
Μὴν: an ancient Anatolian god often depicted with a Phrygian cap
Ποσειδῶνος ὄντος: gen. agreeing with μου, "me, who am Poseidon"
ὦ ἐννοσίγαιε: "earthshake" an epithet of Poseidon in Homer and elsewhere
χαλκοῦν ... πτωχὸν: pred. acc. after causative ἐποίησεν, "made you *bronze and a beggar*"
ἐχόντων: pres. part. in gen. abs., "the Corinthians *having* at that time"
οὗτος δὲ: "but this one" i.e. Anubis

χρὴ παρεωσμένον, καὶ μὴ ἀγανακτεῖν εἴ τις ῥῖνα τηλικαύτην χρυσῆν ἔχων προτετιμήσεταί σου.

ΑΦΡΟΔΙΤΗ:

Οὐκοῦν, ὦ Ἑρμῆ, κἀμὲ λαβὼν ἐν τοῖς προέδροις που κάθιζε: χρυσῆ γάρ εἰμι.

ΕΡΜΗΣ:

Οὐχ ὅσα γε, ὦ Ἀφροδίτη, κἀμὲ ὁρᾶν, ἀλλ' εἰ μὴ πάνυ λημῶ, λίθου τοῦ λευκοῦ, Πεντέληθεν, οἶμαι, λιθοτομηθεῖσα, εἶτα δόξαν οὕτω Πραξιτέλει Ἀφροδίτη γενομένη Κνιδίοις παρεδόθης.

ἀγανακτέω: to feel irritation
καθίζω: to make to sit down, seat
Κνίδιος, -α, -ον: of or from Cnidos, a city in southwestern Asia Minor
λαμβάνω: to take
λευκός, -ή, -όν: light, bright, brilliant
λημάω: to be blear-eyed or blind
λίθος, ὁ: a stone
λιθοτομέω: to cut stone, to quarry
οἶμαι: to suppose, think
ὅσος, -η, -ον: as much as

οὐκοῦν: therefore, then, accordingly
παραδίδωμι: to hand over to another
παρωθέω: to push aside
Πεντέληθεν: from Mt. Pentelicus, a famous marble quarry
που: somewhere
πρόεδρος, ὁ: one who sits in the first place
προτιμάω: to honour before X (gen.)
ῥίς, ῥινός, ἡ: the nose
χρή: it is necessary

παρεωσμένον: perf. part. of παρα-ωθέω supplementing ἀνέχεσθαι, " to endure being pushed aside"
μὴ ἀγανακτεῖν: pres. inf. after χρή, "necessary *not to feel irritation*"
εἴ τις ... προτετιμήσεται: future perf. in future most vivid protasis, "if someone shall be preferred to" + gen.
λαβών: aor. part., "*having taken*, cause to sit" i.e. take and seat me
χρυσῆ γάρ εἰμι: Aphrodite was "golden Aphrodite" in poetry
οὐχ ὅσα: acc. neut. pl., "not sofar as" + inf
εἰ μὴ ... λημῶ: pres., "unless I am blind"
δόξαν: aor. part acc. neut. used absolutely, "it having seemed like a good idea to" + dat.
Πραξιτέλει: Praxiteles (4th c. BCE) was the sculptor of the famous Aphrodite of Cnidus
γενομένη: aor. part. of γίγνομαι, "*having become* Aphrodite"
παρεδόθης: aor. pass. of παρα-δίδωμι, "you were handed over to" + dat.

ΑΦΡΟΔΙΤΗ:

Καὶ μὴν ἀξιόπιστόν σοι μάρτυρα τὸν Ὅμηρον παρέξομαι ἄνω καὶ κάτω τῶν ῥαψῳδιῶν χρυσῆν με τὴν Ἀφροδίτην εἶναι λέγοντα.

ΕΡΜΗΣ:

Καὶ γὰρ τὸν Ἀπόλλω ὁ αὐτὸς πολύχρυσον εἶναι ἔφη καὶ πλούσιον· ἀλλὰ νῦν ὄψει κἀκεῖνον ἐν τοῖς ζευγίταις που καθήμενον, ἀπεστεφανωμένον τε ὑπὸ τῶν λῃστῶν καὶ τοὺς κόλλοπας τῆς κιθάρας περισεσυλημένον. ὥστε ἀγάπα καὶ σὺ μὴ πάνυ ἐν τῷ θητικῷ ἐκκλησιάζουσα.

ἀγαπάω: to greet with affection, be content
ἄνω: upwards
ἀξιόπιστος, -ον: trustworthy
Ἀπόλλων, -ωνος, ὁ: Apollo
ἀποστεφανόω: to remove a garland
ἐκκλησιάζω: to participate in an assembly
ζευγίτης, ὁ: a member of the third of Solon's four classes
θητικός, -ή, -όν: of or for a hireling, menial
κάθημαι: to be seated
κάτω: down, downwards

κιθάρα, ἡ: cithara, a stringed instrument
κόλλοψ, -οπος, ὁ: the peg or screw
λῃστής, -οῦ, ὁ: a robber, plunderer
μάρτυς, -υρος, ὁ: a witness
Ὅμηρος, ὁ: Homer
παρέχω: to provide, supply
περισυλάομαι: to be stripped of
πλούσιος, -α, -ον: rich, wealthy
πολύχρυσος, -ον: rich in gold
ῥαψῳδία, ἡ: recitation of epic poetry
ὥστε: and so

καὶ μὴν: introducing a new argument, "and yet"
μάρτυρα: acc. pred., "provide Homer *as a witness*"
παρέξομαι: fut., "I will provide"
λέγοντα: pres. part. agreeing with Ὅμηρον, "*saying* that I am"
Καὶ γὰρ: "and yet"
ὁ αὐτὸς: "he himself" i.e. Homer
ὄψει: fut. of ὁράω, "you will see"
κἀκεῖνον (= καὶ ἐκεῖνον): acc., "even that one"
ἐν τοῖς ζευγίταις: "among the *zeugites*" the third of Solon's four classes, so-called because they were able to afford a team (ζεῦγος) of oxen
καθήμενον: perf. part. of κατα-ἧμαι with present meaning after ὄψει, "you will see him *sitting*"
ἀπεστεφανωμένον ... περισεσυλημένον: perf. part. also after ὄψει, "see him deprived of his garland ... having been stripped of"
ἀγάπα: pres. imper., "be content!"
μὴ ... ἐκκλησιάζουσα: pres. part. after ἀγάπα, "be content *that you are not assembling*"
ἐν τῷ θητικῷ: "in the *thetes* class" the lowest class of citizens

ΚΟΛΟΣΣΟΣ ΡΟΔΙΩΝ:

Ἐμοὶ δὲ τίς ἂν ἐρίσαι τολμήσειεν Ἡλίῳ τε ὄντι καὶ τηλικούτῳ τὸ μέγεθος; εἰ γοῦν μὴ ὑπερφυᾶ μηδὲ ὑπέρμετρον οἱ Ῥόδιοι κατασκευάσασθαί με ἠξίωσαν, ἀπὸ τοῦ ἴσου τελέσματος ἑκκαίδεκα χρυσοῦς θεοὺς ἐπεποίηντο ἄν· ὥστε ἀνάλογον πολυτελέστερος ἂν νομιζοίμην. καὶ πρόσεστιν ἡ τέχνη καὶ τῆς ἐργασίας τὸ ἀκριβὲς ἐν μεγέθει τοσούτῳ.

ΕΡΜΗΣ:

Τί, ὦ Ζεῦ, χρὴ ποιεῖν; δύσκριτον γὰρ ἐμοὶ γοῦν τοῦτο· εἰ μὲν γὰρ ἐς τὴν ὕλην ἀποβλέποιμι, χαλκοῦς ἐστιν, εἰ δὲ

ἀκριβής, -ές: exact, accurate
ἀνάλογος, -ον: proportionate
ἀξιόω: to think or deem worthy (+ inf.)
ἀποβλέπω: to look at
γοῦν: at least then, at any rate
δύσκριτος, -ον: hard to discern or interpret
ἑκκαίδεκα, -indecl.: sixteen
ἐργασία, ἡ: work, labour
ἐρίζω: to strive, contend
ἴσος, -η, -ον: equal to, the same as
κατασκευάζω: to equip, build
μέγεθος, -εος, τό: magnitude, size
νομίζω: to think, consider

ποιέω: to make
πολυτελής, -ές: very expensive, very costly
πρόσειμι: to be present
Ῥόδιοι, οἱ: the Rhodians
τέλεσμα, -ατος, τό: money
τέχνη, ἡ: art, skill
τηλικοῦτος, -αύτη, -οῦτο: so large
τολμάω: to undertake, dare
τοσοῦτος, -αύτη, -οῦτο: so large, so tall
ὕλη, ἡ: material
ὑπέρμετρος, -ον: beyond all measure, excessive
ὑπερφυής, -ές: overgrown, enormous
χρή: it is necessary (+ inf.)

Κολοσσος Ῥοδιων: the giant bronze statue that stood over the harbor of Rhodes
ἐρίσαι: aor. inf. complementing τολμήσειεν, "dare *to contend with*" + dat.
τολμήσειεν: aor. opt. pot., "would someone dare?"
ὄντι: pres. part. dat. agreeing with ἐμοὶ, "with me, *being* the Sun"
τὸ μέγεθος: acc. of respect, "so large *in size*"
εἰ γοῦν μὴ ... ἠξίωσαν: aor. in past contrafactual protasis, "had they not deemed it worthy to" + inf.
ἀνάλογον: acc. adverbial, "proportionately"
ἐπεποίηντο" plupf. in past contrafactual apodosis, "they could have made"
πολυτελέστερος: nom. pred., "considered *more costly*"
ἂν νομιζοίμην: pres. opt. pass. pot., "and so *I should be considered*"
εἰ ... ἀποβλέποιμι: pres. opt. in present general protasis, "*if I look at* the material"

λογιζοίμην ἀφ' ὁπόσων ταλάντων κεχάλκευται, ὑπὲρ τοὺς πεντακοσιομεδίμνους ἂν εἴη.

ΖΕΥΣ:

Τί γὰρ ἔδει παρεῖναι καὶ τοῦτον ἐλέγξοντα τὴν τῶν ἄλλων μικρότητα καὶ ἐνοχλήσοντα τῇ καθέδρᾳ; πλὴν ἀλλ', ὦ Ῥοδίων ἄριστε, εἰ καὶ ὅτι μάλιστα προτιμητέος εἶ τῶν χρυσῶν, πῶς ἂν καὶ προεδρεύοις, εἰ μὴ δεήσει ἀναστῆναι πάντας ὡς μόνος καθέζοιο, τὴν Πνύκα ὅλην θατέρᾳ τῶν

ἀνίστημι: to make to stand up
ἐλέγχω: to disgrace, put to shame
ἐνοχλέω: to trouble, disquiet, annoy
καθέδρα, ἡ: a seat, bench
λογίζομαι: to calculate, reckon
μικρότης, -ητος, ἡ: smallness
μόνος, -η, -ον: alone, left alone, forsaken solitary
ὅλος, -η, -ον: whole, entire
ὁπόσος, -η, ον: as many as
πάρειμι: to be present

πεντακοσιομέδιμνος, ὁ: possessing land and thus a member of the first Solonian class
πλήν: but
Πνύξ, -κος, ἡ: the Pnyx, the hill where the Athenian assembly was held
προεδρεύω: to sit in a place of privilege, to sit in front
προτιμάω: to prefer to (+ *gen.*)
τάλαντον, τό: a talant (unit of weight or value)
χαλκεύω: to make of copper

εἰ δὲ λογιζοίμην: pres, opt. in future less vivid protasis, "if I were to consider"
κεχάλκευται: pres. perf., "he has been constructed of bronze"
ἂν εἴη: pres. opt. in future less vivid apodosis, "he would be"
Τί ... ἔδει: impf. of δέω implying what ought not be, "why should he?" + inf.
ἐλέγξοντα ... ἐνοχλήσοντα: fut. part. acc. showing purpose, "in order to put to shame ... to trouble" + dat.
ἐνοχλήσοντα:
ὅτι μάλιστα (= ὥς μάλιστα): "as much as possible"
προτιμητέος: verbal adjective in periphrastic expression with εἶ, "if you are *worthy to be preferred to*" + gen.
προεδρεύοις: pres. opt. pot., "how could you sit in front?"
εἰ μὴ δεήσει: fut. in future most vivid protasis, "unless it will be necessary"
ἀναστῆναι: aor. inf. intransitive, "necessary for all *to stand up*"
ὡς μόνος καθέζοιο: pres. opt. in purpose clause, "in order for you alone to sit" where the subjunctive is expected
θατέρᾳ: dat. of instrument, "occupied *with one side* of" + gen.

πυγῶν ἐπιλαβών; ὥστε ἄμεινον ποιήσεις ὀρθοστάδην ἐκκλησιάζων, ἐπικεκυφὼς τῷ συνεδρίῳ.

ΕΡΜΗΣ:

Ἰδοὺ πάλιν ἄλλο δύσλυτον καὶ τοῦτο: χαλκῶ μὲν γὰρ ἀμφοτέρω ἐστὸν καὶ τέχνης τῆς αὐτῆς, Λυσίππου ἑκάτερον τὸ ἔργον, καὶ τὸ μέγιστον, ὁμοτίμω τὰ ἐς γένος, ἅτε δὴ Διὸς παῖδε, ὁ Διόνυσος οὑτοσὶ καὶ Ἡρακλῆς. πότερος οὖν αὐτῶν προκαθίζει; φιλονεικοῦσι γάρ, ὡς ὁρᾷς.

ἀμείνων, -ον: better, abler
ἀμφότερος, -α, -ον: both
ἅτε: because (+ part.)
γένος, -ους, τό: race, stock, family
Διόνυσος, ὁ: Dionysus
δύσλυτος, -ον: insoluble
ἑκάτερος, -α, -ον:: each of two
ἐκκλησιάζω: to participate in an assembly
ἐπικύπτω: to stoop over (+ dat.)
ἐπιλαμβάνω: to lay hold of, seize, attack
ἔργον, -ου, τό: a work
Ἡρακλῆς, ὁ: Heracles

μέγιστος, -η, -ον: greatest
ὁμότιμος, -ον: held in equal honour
ὀρθοστάδην (adv.): standing upright
παῖς, παιδός, ὁ: a child
πάλιν: again
ποιέω: to make
πότερος, -α, -ον: which of the two?
προκαθίζω: to sit down before
πυγή, -ῆς, ἡ: the rump, buttocks
συνέδριον, τό: a council
τέχνη, ἡ: art, skill, craftmanship
φιλονεικέω: to engage rivalry, be contentious

ἐπιλαβών: aor. part. causal, "because of you having occupied"
ἐκκλησιάζων: pres. part. instrumental, "do better *by participating*"
ἐπικεκυφὼς: perf. part. nom., "you, *having stooped over* + dat.
χαλκῶ: dual nom., "both are *of bronze*"
ἐστὸν: dual of εἰμι
Λυσίππου: gen. of source, "each from Lysippus," a 4th c. BCE sculptor in bronze
ὁμοτίμω: dual nom., "both *equal in honor*"
τὰ ἐς γένος: acc. of respect, "regarding the things related to birth"
ἅτε (sc. ὄντω): "because they are both"
παῖδε: dual nom., "both are *children*"

ΖΕΥΣ:

Διατρίβομεν, ὦ Ἑρμῆ, πάλαι δέον ἐκκλησιάζειν· ὥστε νῦν μὲν ἀναμὶξ καθιζόντων, ἔνθ' ἂν ἕκαστος ἐθέλῃ, εἰσαῦθις δὲ ἀποδοθήσεται περὶ τούτων ἐκκλησία, κἀγὼ εἴσομαι τότε ἥντινα χρὴ ποιήσασθαι τὴν τάξιν ἐπ' αὐτοῖς.

ΕΡΜΗΣ:

Ἀλλ', Ἡράκλεις, ὡς θορυβοῦσι τὰ κοινὰ καὶ τὰ καθ' ἡμέραν ταῦτα βοῶντες, "Διανομάς· ποῦ τὸ νέκταρ; ἡ ἀμβροσία ἐπέλιπεν· ποῦ αἱ ἑκατόμβαι; κοινὰς τὰς θυσίας."

ἀμβροσία, ἡ: ambrosia, the drink of the gods
ἀναμίξ (adv.): in random order
ἀποδίδωμι: to restore, render
βοάω: to cry aloud, to shout
διανομή, ἡ: a distribution
διατρίβω: to waste time
ἐθέλω: to will, wish
εἰσαῦθις: hereafter, afterwards
ἕκαστος, -η, -ον: each one
ἑκατόμβη, ἡ: an offering to the gods
ἐκκλησία, ἡ: an assembly

ἐκκλησιάζω: to hold an assembly
ἐπιλείπω: to fail, run dry
ἡμέρα, ἡ: a day
θορυβέω: to make noise
θυσία, ἡ: an offering
καθίζω: to make to sit down
κοινός, -ή, -όν: shared in common
νέκταρ, -αρος, τό: nectar
πάλαι: long ago
τάξις, -εως, ἡ: an arranging, order
τότε: at that time, then

δέον: pres. part. acc. abs., "it being necessary" + inf.
καθιζόντων: pres. imper. 3 pl., "let them sit down!"
ἔνθ' ἂν ... ἐθέλῃ: pres. subj. in present general clause, "wherever each wishes"
ἀποδοθήσεται: fut. pass., "an assembly *will be rendered*"
εἴσομαι: fut of οἶδα, "*I will know* then"
ἥντινα ... τὴν τάξιν: introducing ind. quest., "know *what order*"
ποιήσασθαι: aor. inf. mid. complementing χρή, "necessary *to establish*"
τὰ κοινὰ καὶ τὰ καθ' ἡμέραν ταῦτα: "by shouting *the common and daily things*"
διανομάς: acc., "(give us) *the distributions!*"
ἐπέλιπεν: aor. of ἐπι-λείπω, "the nectar *has run dry*"

ΖΕΥΣ:

Κατασιώπησον αὐτούς, ὦ Ἑρμῆ, ὡς μάθωσιν ὅτου ἕνεκα συνελέγησαν τοὺς λήρους τούτους ἀφέντες.

ΕΡΜΗΣ:

Οὐχ ἅπαντες, ὦ Ζεῦ, τὴν Ἑλλήνων φωνὴν συνιᾶσιν· ἐγὼ δὲ οὐ πολύγλωττός εἰμι, ὥστε καὶ Σκύθαις καὶ Πέρσαις καὶ Θραξὶν καὶ Κελτοῖς συνετὰ κηρύττειν. ἄμεινον οὖν, οἶμαι, τῇ χειρὶ σημαίνειν καὶ παρακελεύεσθαι σιωπᾶν.

ΖΕΥΣ:

Οὕτω ποίει.

ἀμείνων, -ον: better to (+ *inf.*)
ἅπας, ἅπασα, ἅπαν: quite all
ἀφίημι: to discharge, leave off
Ἕλλην, -ηνος, ὁ: a Greek
ἕνεκα: on account of (+ *gen.*)
Θρᾷξ, -κος, ὁ: a Thracian
κατασιωπάω: to make silent
Κελτοί, οἱ: the Celts
κηρύττω: to be a herald, announce
λῆρος, ὁ: silly talk, nonsense, trumpery
μανθάνω: to learn

παρακελεύομαι: to order
Πέρσης, -ου, ὁ: a Persian
πολύγλωττος, -ον: many-tongued
σημαίνω: to signal, indicate
σιωπάω: to be silent
Σκύθης, -ου, ὁ: a Scythian
συλλέγω: to collect, gather
συνετός, -ή, -όν: intelligent, understandable
συνίημι: to understand
φωνή, ἡ: a voice, language
χείρ, χειρός, ἡ: the hand

Κατασιώπησον: aor. imper., "*silence them!*"
ὡς μάθωσιν: aor. subj. in purpose clause, "so that they can learn"
ὅτου ἕνεκα: introducing indirect question, "on account of what"
συνελέγησαν: aor. pass. of συν-λέγω in ind. quest., "learn why *they were gathered*"
ἀφέντες: aor. part. of ἀπο-ἵημι, "once they have left off"
ὥστε ... κηρύττειν: pres. inf. in result clause, "so that I can announce"
σημαίνειν καὶ παρακελεύεσθαι: pres. inf. expexegetic after ἄμεινον, "better *to indicate and to order*"
σιωπᾶν: pres. inf. complementing παρακελεύεσθαι, "order *to be silent*"
ποίει: pres. imper., "*do it thus!*"

ΕΡΜΗΣ:

Εὖ γε, ἀφωνότεροι γεγένηνταί σοι τῶν σοφιστῶν. ὥστε ὥρα δημηγορεῖν. ὁρᾷς; πάλαι πρὸς σὲ ἀποβλέπουσι περιμένοντες ὅ τι καὶ ἐρεῖς.

ΖΕΥΣ:

Ἀλλ' ὅ γε πέπονθα, ὦ Ἑρμῆ, οὐκ ἂν ὀκνήσαιμι πρὸς σὲ εἰπεῖν υἱὸν ὄντα. οἶσθα ὅπως θαρραλέος ἀεὶ καὶ μεγαληγόρος ἐν ταῖς ἐκκλησίαις ἦν.

ΕΡΜΗΣ:

Οἶδα καὶ ἐδεδίειν γε ἀκούων σου δημηγοροῦντος, καὶ μάλιστα ὁπότε ἠπείλεις ἀνασπάσειν ἐκ βάθρων τὴν γῆν καὶ

ἀεί: always, for ever
ἀκούω: to hear
ἀνασπάω: to draw up, pull up
ἀπειλέω: to threaten
ἀποβλέπω: to look away from
ἄφωνος, -ον: silent
βάθρον, τό: a foundation
γῆ, ἡ: earth
δέδια: to fear (*perf.*)
δημηγορέω: to speak in the assembly
εἶπον: to say (*aor.*)
ἐκκλησία, ἡ: an assembly
ἐρέω: to say or speak (*fut.*)

θαρραλέος, -α, -ον: bold, undaunted
μάλιστα: especially
μεγαλήγορος, -ον: vaunting, boastful
οἶδα: to know (*perf.*)
ὀκνέω: to shrink
ὁπότε: when
πάλαι: long ago
πάσχω: to suffer
περιμένω: to wait for, await
σοφιστής, -οῦ, ὁ: a sophist
υἱός, ὁ: a son
ὥρα, ἡ: period of time, season

εὖ γε: "well then" indicating that he has succeeded
γεγένηταί: perf., "they have become"
τῶν σοφιστῶν: gen. of comparison after ἀφωνότεροι, "more silent *than sophists*"
δημηγορεῖν: pres. inf. expexegetic, "it is time *to speak*"
ὅ τι καὶ ἐρεῖς: fut. in ind. quest., "awaiting *what you will say*"
ὅ γε πέπονθα: perf. in ind. quest., "say *what I have suffered*"
ὀκνήσαιμι: aor. opt. pot., "I would not shrink" + inf
υἱὸν ὄντα: pres. part. acc. causal, "since you are my son"
ἐδεδίειν: plupf. of δέδια with imperfect sense, "I used to fear"
σου δημηγοροῦντος: pres, part. gen. of source after ἀκούων, "hearing *you speaking*"

τὴν θάλασσαν αὐτοῖς θεοῖς τὴν σειρὰν ἐκείνην τὴν χρυσῆν καθείς.

ΖΕΥΣ:

Ἀλλὰ νῦν, ὦ τέκνον, οὐκ οἶδα εἴτε ὑπὸ τοῦ μεγέθους τῶν ἐφεστώτων δεινῶν εἴτε καὶ ὑπὸ τοῦ πλήθους τῶν παρόντων -- πολυθεωτάτη γάρ, ὡς ὁρᾷς, ἡ ἐκκλησία -- διατετάραγμαι τὴν γνώμην καὶ ὑπότρομός εἰμι καὶ ἡ γλῶττά μοι πεπεδημένη ἔοικε: τὸ δὲ ἀτοπώτατον ἁπάντων, ἐπιλέλησμαι τὸ προοίμιον τῶν ὅλων, ὃ παρεσκευασάμην ὡς εὐπροσωποτάτη μοι ἡ ἀρχὴ γένοιτο πρὸς αὐτούς.

ἀρχή, ἡ: a beginning
ἄτοπος, -ον: out of place, strange
γλῶττα, -ης, ἡ: the tongue
γνώμη, ἡ: thought, judgement
δεινός, -ή, -όν: fearful, terrible
διαταράττω: to confound utterly
εἴτε ... εἴτε: whether ... or
ἔοικα: to seem (perf.)
ἐπιλανθάνομαι: to forget
εὐπρόσωπος, -ον: fair in outward appearance
ἐφίστημι: to set or place upon
θάλασσα, ἡ: the sea

καθίημι: to send down, let fall
μέγεθος, -ους, τό: number, size
ὅλος, -η, -ον: whole, entire
παρασκευάζω: to get ready, prepare
πάρειμι: to be present
πεδάω: to bind fast, fetter
πλῆθος, -ους, τό: a great number, a crowd
πολύθεος, -η, -ον: of many gods
προοίμιον, τό: an opening, introduction
σειρά, ἡ: a cord, rope, string, band
τέκνον, τό: a child
ὑπότρομος, -ον: timid

αὐτοῖς θεοῖς: "gods and all"
καθείς: aor. part. of κατα-ἵημι, "*having sent down* that golden cord" Zeus makes this threat in *Iliad* 8.18-27
ὑπὸ τοῦ μεγέθους: the agency expression, "because of the size"
τῶν ἐφεστώτων: perf. part. of ἐπι-ἵστημι, "the size of terrible ones *standing by*"
διατετάραγμαι: perf. of δια-ταράττω with present sense, "I am confounded utterly"
πεπεδημένη: perf. part. pred. after ἔοικε, "my tongue seems *fettered*" the language here recalls Sappho 31
ἐπιλέλησμαι: perf., "I have forgotten"
παρεσκευασάμην: plupf. of παρα-σκευάζω, "which *I had prepared*"
ὡς ... γένοιτο: aor. opt. in purpose clause, "*so that* the beginning *would be*"

ΕΡΜΗΣ:

Ἀπολώλεκας, ὦ Ζεῦ, ἅπαντα· οἱ δὲ ὑποπτεύουσι τὴν σιωπὴν καί τι ὑπέρμεγα κακὸν ἀκούσεσθαι προσδοκῶσιν, ἐφ' ὅτῳ σὺ διαμέλλεις.

ΖΕΥΣ:

Βούλει οὖν, ὦ Ἑρμῆ, τὸ Ὁμηρικὸν ἐκεῖνο προοίμιον ἀναρραψῳδήσω πρὸς αὐτούς;

ΕΡΜΗΣ:

Τὸ ποῖον;

ΖΕΥΣ:

Κέκλυτέ μευ πάντες τε θεοὶ πᾶσαί τε θέαιναι.

ἀναρραψῳδέω: begin singing
ἅπας, ἅπασα, ἅπαν: quite all, the whole
ἀπόλλυμι: to destroy utterly, kill, slay
διαμέλλω: to delay
θέαινα, ἡ: a goddess
κακός, -ή, -όν: bad
κλύω: to hear

Ὁμηρικός, -ή, -όν: Homeric
ποῖος, -α, -ον: of what sort?
προοίμιον, τό: an opening, introduction
προσδοκάω: to expect
σιωπή, ἡ: silence
ὑπέρμεγας, -άλη, -α: immensely great
ὑποπτεύω: to be suspicious

ἀπολώλεκας: perf. of ἀπόλλυμι, "*you have ruined* everything"
οἱ δὲ: "they" i.e. the audience
ἀκούσεσθαι: fut. inf. after προσδοκῶσιν, "they are expecting *to hear*"
ἐφ' ὅτῳ: "*because of which* you delay"
βούλει (= βούλῃ): pres. 2. s. mid., "do you wish?" used paratactically
ἀναρραψῳδήσω: fut., "shall I begin singing?"
κέκλυτέ μευ (= μοῦ): perf. imper., "hear me!" see *Iliad* 8.5

ΕΡΜΗΣ:

Ἄπαγε, ἱκανῶς καὶ πρὸς ἡμᾶς πεπαρῴδηταί σοι τὰ πρῶτα. πλὴν εἰ δοκεῖ, τὸ μὲν φορτικὸν τῶν μέτρων ἄφες, σὺ δὲ τῶν Δημοσθένους δημηγοριῶν τῶν κατὰ Φιλίππου ἥντινα ἂν ἐθέλῃς σύνειρε, ὀλίγα ἐναλλάττων· οὕτω γοῦν οἱ πολλοὶ νῦν ῥητορεύουσιν.

ΖΕΥΣ:

Εὖ λέγεις ἐπίτομόν τινα ῥητορείαν καὶ ῥᾳδιουργίαν ταύτην εὔκαιρον τοῖς ἀπορουμένοις.

ΕΡΜΗΣ:

Ἄρξαι δ' οὖν ποτε.

ἄπαγε: away! begone! (*imper.*)
ἀπορέω: to lack resources
ἄρχω: to be first, begin
ἀφίημι: to put away, discharge
γοῦν: at least then, at any rate
δημηγορία, ἡ: a speech in the public assembly
Δημοσθένης, -ους, ὁ: Demosthenes the famous 4th c. BCE orator
ἐθέλω: to will, wish, purpose
ἐναλλάττω: to exchange, change

ἐπίτομος, -ον: cut off, abridged
εὔκαιρος, -ον: well-timed
ἱκανῶς: sufficiently
μέτρον, τό: meter
ὀλίγος, -η, -ον: few, little, scanty, small
παρῳδέω: to write by way of parody
ῥᾳδιουργία, ἡ: ease in doing, laziness
ῥητορεία, ἡ: eloquence
ῥητορεύω: to speak in public
συνείρω: to string together
φορτικόν, τό: a burden

πεπαρῴδηται: perf., "the first part *has been parodied* by you"
ἄφες: aor. imper. of ἀφίημι, "put away!"
τῶν κατὰ Φιλίππου: attributive phrase, "of the speeches, *the ones against Philip*" famous speeches Demosthenes made against Philip of Macedon
ἥντινα ἂν ἐθέλῃς: pres. subj. in general clause, "string together *which ever one you wish*"
τοῖς ἀπορουμένοις: pres. part. dat. attributive, "for those lacking resources"
ἄρξαι: aor. imper., "begin!"

ΖΕΥΣ:

Ἀντὶ πολλῶν ἄν, ὦ ἄνδρες θεοί, χρημάτων ὑμᾶς ἑλέσθαι νομίζω, εἰ φανερὸν γένοιτο ὑμῖν ὅ τι δή ποτε ἄρα τοῦτό ἐστιν ἐφ' ὅτῳ νῦν συνελέγητε. ὅτε τοίνυν τοῦτο οὕτως ἔχει, προσήκει προθύμως ἀκροᾶσθαί μου λέγοντος.

ὁ μὲν οὖν παρὼν καιρός, ὦ θεοί, μονονουχὶ λέγει φωνὴν ἀφιεὶς ὅτι τῶν παρόντων ἐρρωμένως ἀντιληπτέον ἡμῖν ἐστιν, ἡμεῖς δὲ πάνυ ὀλιγώρως ἔχειν δοκοῦμεν πρὸς αὐτά.

ἀκροάομαι: to hearken to, listen to
ἀντί: instead of (+ *gen.*)
ἀντιλαμβάνω: to take part in, engage in
ἀφίημι: to send forth, discharge
εἷλον: to grasp, choose (*aor.*)
ἐρρωμένος, -η, -ον: stout, vigorous
καιρός, ὁ: critical time
μονονουχί (*adv.*): well nigh
νομίζω: to think, suppose
ὀλίγωρος, -ον: little-caring
πάρειμι: to be present
προθύμως: readily, willingly
προσήκω: to be fitting
συλλέγω: to collect, convene
τοίνυν: therefore, accordingly
φανερός, -ά, -όν: visible, evident
φωνή, ἡ: a voice
χρῆμα, -ατος, τό: money

Ἀντὶ … γένοιτο: see Demosthenes, *First Olynthiac* 1
ὦ ἄνδρες θεοί: "O divine men" instead of "O Athenian men"
ἄν … ἑλέσθαι: aor. inf. of αἱρέω in ind. st. after νομίζω representing a future less vivid apodosis, "I think *that you would choose*"
εἰ … γένοιτο: pres. opt. in future less vivid protasis, "if it would become"
ὅ τι … ἐστιν: ind. st., "become clear *what it is*"
ἐφ' ὅτῳ … συνελέγητε: aor. pass. of συν-λέγω in causal clause, "because of what you were convened"
ὅτε … προθύμως: see Demosthenes, *First Olynthiac* 1
οὕτως ἔχει: "it is so"
ὁ μὲν … ἀφιεὶς: see Demosthenes, *First Olynthiac* 2
ὁ … παρὼν καιρός: "the present crisis"
ἀφιεὶς: pres. part. of ἀπο-ἵημι modifying καιρός, "*letting out* a voice" i.e. the crisis nearly itself speaks, a common rhetorical statement
ὅτι … ἀντιληπτέον ἐστιν: verbal adjective of ἀντιλαμβάνω used periphrastically in ind. st. after λέγει, "says *that it is necessary to be engaged*"
τῶν παρόντων: gen. after ἀντιληπτέον, "engaged *in the present matters*"
ἐρρωμένως: adv. from perf. part. of ῥώννυμι, "be engaged *vigorously*"
ἡμῖν: dat. of agent after ἀντιληπτέον, "*for you* to be engaged"
ἡμεῖς … αὐτά: see Demosthenes, *First Olynthiac* 2
ὀλιγώρως ἔχειν: pres. inf. complementing δοκοῦμεν, "we seem *to be little caring*"

βούλομαι δὲ ἤδη -- καὶ γὰρ ἐπιλείπει ὁ Δημοσθένης -- αὐτὰ ὑμῖν δηλῶσαι σαφῶς, ἐφ' οἷς διαταραχθεὶς συνήγαγον τὴν ἐκκλησίαν.

Χθὲς γάρ, ὡς ἴστε, Μνησιθέου τοῦ ναυκλήρου θύσαντος τὰ σωτήρια ἐπὶ τῇ νηΐ ὀλίγου δεῖν ἀπολομένῃ περὶ τὸν Καφηρέα, εἱστιώμεθα ἐν Πειραιεῖ, ὁπόσους ἡμῶν ὁ Μνησίθεος ἐπὶ τὴν θυσίαν ἐκάλεσεν· εἶτα μετὰ τὰς σπονδὰς ὑμεῖς μὲν ἄλλος ἄλλην ἐτράπεσθε, ὡς ἑκάστῳ ἔδοξεν, ἐγὼ δὲ -- οὐδέπω γὰρ πάνυ ὀψὲ ἦν -- ἀνῆλθον ἐς τὸ ἄστυ ὡς περιπατήσαιμι

ἀνῆλθον: to go up (aor.)
ἀπόλλυμι: to destroy utterly
ἄστυ, -εος, τό: a city, town
βούλομαι: to will, wish
δηλόω: to make visible, to show
διαταράττω: to confound utterly, disturb
εἶτα: then, next
ἕκαστος, -η, -ον: each one
ἐκκλησία, ἡ: an assembly
ἐπιλείπω: to fail, run dry
ἑστιάω: to entertain, feast
θυσία, ἡ: an offering
θύω: to sacrifice
καλέω: to name, summon

ναύκληρος, ὁ: a shipowner, ship-master
ναῦς, νηός, ἡ: a ship
ὁπόσος, -η, -ον: as many as
οὐδέπω: not yet
ὀψέ: late
Πειραιεύς, ὁ: Peiraeus, the harbor of Athens
περιπατέω: to walk about
σαφῶς: clearly, plainly
σπονδή, ἡ: a libation, drink-offering
συνάγω: to bring together, convene
σωτήριος, -ον: saving, delivering
τρέπω: to turn or direct
χθές: yesterday

δηλῶσαι: aor. inf. after **βούλομαι**, "I wish *to make clear*"
ἐφ' οἷς διαταραχθεὶς: aor. part. pass. in causal clause, "because of what having been disturbed"
Μνησιθέου: the name means "mindful of god"
θύσαντος: aor. part. in gen. abs., "Mnesitheos *having sacrificed*"
τὰ σωτήρια: acc. of respect, "sacrificed *for the safety*"
ὀλίγου δεῖν: "lack by a little" i.e. almost
ἀπολομένῃ: aor. part. dat. agreeing with **νηΐ**, "for the ship almost *destroyed*"
Καφηρέα: a rocky promontory of Euboea
εἱστιώμεθα: perf. pass., "we were feasted"
ὁπόσους ... ἐκάλεσεν: aor. in relative clause, "as many as he invited"
ἄλλος ἄλλην: "each (went) his own way"
ἐτράπεσθε: aor. of **τρέπω**, "you turned" i.e. to go away
ἀνῆλθον: aor., "I went up"
ὡς περιπατήσαιμι: aor. opt. in purpose clause, "in order to walk about"

τὸ δειλινὸν ἐν Κεραμεικῷ, ἐννοῶν ἅμα τοῦ Μνησιθέου τὴν μικρολογίαν, ὃς ἑκκαίδεκα θεοὺς ἑστιῶν ἀλεκτρυόνα μόνον κατέθυσε, γέροντα κἀκεῖνον ἤδη καὶ κορυζῶντα, καὶ λιβανωτοῦ χόνδρους τέτταρας εὖ μάλα εὐρωτιῶντας, ὡς αὐτίκα ἐπισβεσθῆναι τῷ ἄνθρακι, μηδὲ ὅσον ἄκρᾳ τῇ ῥινὶ ὀσφραίνεσθαι τοῦ καπνοῦ παρασχόντας, καὶ ταῦτα ἑκατόμβας ὅλας ὑποσχόμενος ὁπότε ἡ ναῦς ἤδη προσεφέρετο τῷ σκοπέλῳ καὶ ἐντὸς ἦν τῶν ἑρμάτων.

ἄκρος, -α, -ον: at the furthest point, tip
ἀλεκτρυών, -ονος, ὁ: a cock
ἅμα: together with (+ *gen.*)
ἄνθραξ, -ακος, ὁ: charcoal, coal
αὐτίκα: forthwith, straightway
γέρων, -οντος, ὁ: an old man
δειλινός, -ή, -όν: in the afternoon
ἑκατόμβη, ἡ: an offering of a hundred oxen
ἑκκαίδεκα (*indecl.*): sixteen
ἐννοέω: to consider, reflect
ἐντός: within, inside (+ *gen.*)
ἐπισβέννυμι: to extinguish
ἕρμα, -ατος, τό: reef, sunken rock
εὐρωτιάω: to be or become mouldy
ἤδη: already
καπνός, ὁ: smoke

καταθύω: to sacrifice
κορυζάω: to have a cold
λιβανωτός, ὁ: frankincense
μάλα: very, very much
μικρολογία, ἡ: frivolous character
μόνος, -η, -ον: a single
ναῦς, ἡ: a ship
ὁπότε: at the time when
ὀσφραίνομαι: to catch the scent of
παρέχω: to furnish, provide
προσφέρω: to approach
ῥίς, ῥινός, ἡ: the nose
σκόπελος, ὁ: a promontory
τέτταρες, -ων, οἱ: four
ὑπισχνέομαι: to promise
χόνδρος, ὁ: a grain or lump

ἐν Κεραμεικῷ: "in the ceramic quarter" best known as the site of the state funerals
ἑστιῶν: pres. part. expressing purpose, "who *in order to feast*"
κἀκεῖνον (= καὶ ἐκεῖνον): "*and that one* old"
εὐρωτιῶντας: pres. part. acc., "lumps already *becoming moldy*"
ὡς ... ἐπισβεσθῆναι: aor. inf. pass. of ἐπι-σβέννυμι in result clause, "so that it was extinguished"
τῷ ἄνθρακι: dat. of place, "on the coal"
μηδὲ ... παρασχόντας: aor. part. agreeing with χόνδρους, "(lumps) *neither having provided*"
ὅσον: acc. obj. of παρασχόντας, "provided *as much* of smoke"
ὀσφραίνεσθαι: pres. inf. epexegetic after ὅσον, "as much *to catch to scent of*" i.e. enough to smell
καὶ ταῦτα: "and (he did) these things"
ὑποσχόμενος: aor. part. of ὑπο-ἰσχνέομαι, "he *having promised*"
προσεφέρετο: impf., "was already approaching"

Ἐπεὶ δὲ ταῦτα ἐννοῶν γίγνομαι κατὰ τὴν Ποικίλην, ὁρῶ πλῆθος ἀνθρώπων πάμπολυ συνεστηκός, ἐνίους μὲν ἔνδον ἐν αὐτῇ τῇ στοᾷ, πολλοὺς δὲ καὶ ἐν τῷ ὑπαίθρῳ, καί τινας βοῶντας καὶ διατεινομένους ἐπὶ τῶν θάκων καθημένους.

εἰκάσας οὖν ὅπερ ἦν, φιλοσόφους εἶναι τῶν ἐριστικῶν τούτων, ἐβουλήθην ἐπιστὰς ἀκοῦσαι αὐτῶν ὅ τι καὶ λέγουσι: καὶ -- ἔτυχον γὰρ νεφέλην τῶν παχειῶν περιβεβλημένος -- σχηματίσας ἐμαυτὸν εἰς τὸν ἐκείνων τρόπον καὶ τὸν πώγωνα ἐπισπασάμενος εὖ μάλα ἐῴκειν φιλοσόφῳ: καὶ δὴ

βοάω: to cry aloud, to shout
βούλομαι: to will, wish
γίγνομαι: to become
διατείνω: to strain
εἰκάζω: to surmise, guess
ἐμαυτοῦ: of me, of myself
ἔνδον (adv.): within
ἔνιοι, -α: some
ἔοικα: to seem, liken (perf.)
ἐπισπάω: to draw after
ἐριστικός, -ή, -όν: disputatious
ἐφίστημι: to set or place upon
θᾶκος, ὁ: a seat, chair
κάθημαι: to be seated

νεφέλη, ἡ: a cloud
παμπολύς, -πολλά, -πολύ: very large
παχύς, -εῖα, -ύ: thick, stout
περιβάλλω: to throw round
πλῆθος, -εος, τό: a throng, crowd
πολύς, πολλά, πολύ: many
πώγων, -ωνος, ὁ: the beard
στοά, -ᾶς, ἡ: a roofed colonnade, porch
συνίστημι: to associate, band together
σχηματίζω: to assume a form, dress up
τρόπος, ὁ: a way, style
τυγχάνω: to hit upon, happen to (+ part.)
ὕπαιθρος, -ον: in the open air
φιλόσοφος, ὁ: a philosopher

κατὰ τὴν Ποικίλην (sc. Στοάν): "at the Painted Porch" a landmark in Athens and a site for philosophical discussion, hence the "Stoic" philosophers

συνεστηκός: perf. part. intransitive agreeing with πλῆθος, "a crowd *standing together*"

διατεινομένους: pres. part., "*straining* (their voices("

ὅπερ ἦν: "having surmised *what it was*"

εἶναι: pres. inf. in ind. st., "namely, *that they were*"

ἐπιστάς: aor. part. intransitive, "having stationed myself nearby"

ἀκοῦσαι: aor. inf. complementing ἐβουλήθην, "I wished *to hear*" + gen. of source

ἔτυχον: aor. of τυγχάνω, "I happened to" + part.

περιβεβλημένος: perf. part. mid. supplementing ἔτυχον, "happened to have wrapped around myself"

σχηματίσας ... ἐπισπασάμενος: aor. part., "*having dressed myself ... having drawn down* my beard"

ἐῴκειν: plupf. of ἔοικα with imperfect sense, "I likened myself to" + dat.

παραγκωνισάμενος τοὺς πολλοὺς εἰσέρχομαι ἀγνοούμενος ὅστις εἴην.

εὑρίσκω τε τὸν Ἐπικούρειον Δᾶμιν, τὸν ἐπίτριπτον, καὶ Τιμοκλέα τὸν Στωϊκόν, ἀνδρῶν βέλτιστον, ἐκθύμως πάνυ ἐρίζοντας· ὁ γοῦν Τιμοκλῆς καὶ ἵδρου καὶ τὴν φωνὴν ἤδη ἐξεκέκοπτο ὑπὸ τῆς βοῆς, ὁ Δᾶμις δὲ τὸ σαρδάνιον ἐπιγελῶν ἔτι μᾶλλον παρώξυνε τὸν Τιμοκλέα.

Ἦν δὲ ἄρα περὶ ἡμῶν ὁ πᾶς λόγος αὐτοῖς· ὁ μὲν γὰρ κατάρατος Δᾶμις οὔτε προνοεῖν ἡμᾶς ἔφασκε τῶν ἀνθρώπων οὔτ' ἐπισκοπεῖν τὰ γινόμενα παρ' αὐτοῖς, οὐδὲν ἄλλο ἢ μηδὲ

ἀγνοέω: not to perceive or know
ἀνήρ, ἀνδρός, ὁ: a man
βέλτιστος, -η, -ον: best
βοή, ἡ: a loud cry, shout
γοῦν: at least then, at any rate
εἰσέρχομαι: to enter
ἐκθύμως: senselessly
ἐκκόπτω: to cut out, knock out
ἐπιγελάω: to laugh approvingly
Ἐπικούρειος, -ον: Epicurean
ἐπισκοπέω: to look upon, regard
ἐπίτριπτος, -ον: rubbed down, well worn

ἐρίζω: to strive, quarrel
εὑρίσκω: to find
ἱδρόω: to sweat, perspire
κατάρατος, -ον: accursed, abominable
παραγκωνίζω: to push aside with elbows
παροξύνω: to stimulate, provoke
προνοέω: to provide for (+ *gen.*)
σαρδάνιος, -α, -ον: bitter or scornful
Στωϊκός, -ή, -όν: Stoic
φάσκω: to say, assert
φωνή, ἡ: a sound, tone

παραγκωνισάμενος: aor. part., "I *having elbowed past* most of them"
ὅστις εἴην: pres. opt. in ind. quest. after ἀγνοούμενος, "not being recognized *who I was*"
Ἐπικούρειον Δᾶμιν ... Τιμοκλέα τὸν Στωϊκόν: Damis the Epicurean and Timocles the Stoic are unknown
ἵδρου: impf. of ἱδρόω, "he was sweating"
ἐξεκέκοπτο: plupf. of ἐκ-κόπτω, "*he had knocked out* his voice"
ὑπὸ τῆς βοῆς: the agency expression, "by his shout"
τὸ σαρδάνιον: acc. adverbial, "bitterly"
ἔτι μᾶλλον: "was provoking *even more*"
αὐτοῖς: dat. of possession, "*their* whole discourse"
οὔτε προνοεῖν ... οὔτ' ἐπισκοπεῖν: pres. inf. in ind. st. after ἔφασκε, "he was claiming *that we neither provide for ... nor regard*"
τὰ γινόμενα: pres. part. attributive, "*what happens* among them"
οὐδὲν ἄλλο ἤ: "nothing other than"

Zeus the Tragedian

ὅλως ἡμᾶς εἶναι λέγων: τοῦτο γὰρ αὐτῷ δηλαδὴ ὁ λόγος ἐδύνατο: καὶ ἦσάν τινες οἳ ἐπῄνουν αὐτόν.

ὁ δ' ἕτερος τὰ ἡμέτερα ὁ Τιμοκλῆς ἐφρόνει καὶ ὑπερεμάχει καὶ ἠγανάκτει καὶ πάντα τρόπον συνηγωνίζετο τὴν ἐπιμέλειαν ἡμῶν ἐπαινῶν καὶ διεξιὼν ὡς ἐν κόσμῳ καὶ τάξει τῇ προσηκούσῃ ἐξηγούμεθα καὶ διατάττομεν ἕκαστα: καὶ εἶχε μέν τινας καὶ αὐτὸς τοὺς ἐπαινοῦντας.

πλὴν ἐκεκμήκει γὰρ ἤδη καὶ πονήρως ἐφώνει καὶ τὸ πλῆθος εἰς τὸν Δᾶμιν ἀπέβλεπε, συνεὶς δὲ ἐγὼ τὸ κινδύνευμα τὴν νύκτα ἐκέλευσα περιχυθεῖσαν διαλῦσαι τὴν συνουσίαν.

ἀγανακτέω: to feel irritation
ἀποβλέπω: to look away from
δηλαδή: quite clearly, manifestly
διαλύω: to break up
διατάττω: to appoint, dispose
δύναμαι: to be equivalent to, imply
ἕκαστος, -η, -ον: each one
ἐξηγέομαι: to be leader of, direct
ἐπαινέω: to approve, praise
ἐπιμέλεια, ἡ: care, attention
ἤδη: already
ἡμέτερος, -α, -ον: our
κάμνω: to work hard
κελεύω: to command, order
κινδύνευμα, τό: a danger

κόσμος, ὁ: order
νύξ, νυκτός, ἡ: night
ὅλος, -η, -ον: whole, entire
περιχέω: to pour around
πλῆθος, -εος, τό: a crowd, multitude
πονήρως: badly
προσήκω: to be proper (*part.*)
συναγωνίζομαι: to struggle alongside
συνίημι: to bring together, understand
συνουσία, ἡ: a conversation
τάξις, -εως, ἡ: an arranging, order
τρόπος, ὁ: a manner, way
ὑπερμαχέω: to fight on behalf of
φρονέω: to be thoughtful
φωνέω: to speak

εἶναι: pres. inf. in ind. st., "saying *that we are* not" i.e. do not exist
τοῦτο: acc. obj. of ἐδύνατο, "his argument implied *this*" i.e. that the gods do not exist
ἐφρόνει: impf. like other verbs in this sentence, "*he was thoughtful* concerning us"
πάντα τρόπον: acc. of manner, "in every way"
διεξιών: pres. part. of δια-ἐξ-ἔρχομαι, "narrating thoroughly"
ὡς ... ἐξηγούμεθα: impf. in ind. st. after διεξιών, "narrating *that we direct*"
εἶχε: impf. of ἔχω, "*he had* some who were praising"
ἐκεκμήκει: plupf., "he had worked hard" i.e. he was exhausted
ἐφώνει: impf. inceptive, "*he began speaking* badly"
συνεὶς: aor. part. of συν-ίημι, "I having understood"
περιχυθεῖσαν: aor. part. pass. acc. agreeing with νύκτα, "the night, *having been poured around*"
διαλῦσαι: aor. inf. after ἐκέλευσα, "ordered the night *to break up*"

ἀπῆλθον οὖν εἰς τὴν ὑστεραίαν συνθέμενοι εἰς τέλος ἐπεξελεύσεσθαι τὸ σκέμμα, κἀγὼ παρομαρτῶν τοῖς πολλοῖς ἐπήκουον μεταξὺ ἀπιόντων οἴκαδε παρ' αὐτοὺς ἐπαινούντων τὰ τοῦ Δάμιδος καὶ ἤδη παρὰ πολὺ αἱρουμένων τὰ ἐκείνου· ἦσαν δὲ καὶ οἱ μὴ ἀξιοῦντες προκατεγνωκέναι τῶν ἐναντίων ἀλλὰ περιμένειν εἴ τι καὶ ὁ Τιμοκλῆς αὔριον ἐρεῖ.

Ταῦτ' ἔστιν ἐφ' οἷς ὑμᾶς συνεκάλεσα, οὐ μικρά, ὦ θεοί, εἰ λογιεῖσθε ὡς ἡ πᾶσα μὲν ἡμῖν τιμὴ καὶ δόξα καὶ πρόσοδος

αἱρέω: to grasp, choose (*mid.*)
ἀξιόω: to deem worthy of
ἄπειμι: to go away (*fut.*)
ἀπῆλθον: to go away (*aor.*)
αὔριον: to-morrow
δόξα, ἡ: reputation
ἐναντίος, -α, -ον: opposite, opposing
ἐπαινέω: to praise, applaud
ἐπακούω: to listen to, to hear
ἐπεξέρχομαι: to carry out
ἐρέω: to say or speak (*fut.*)
λογίζομαι: to calculate, consider
μεταξύ: betwixt, between
μικρός, -ά, -όν: small, little

οἴκαδε: homewards
παρομαρτέω: to accompany
περιμένω: to wait for, await
προκαταγιγνώσκω: to condemn by a prejudgment
πρόσοδος, ἡ: revenue
σκέμμα, -ατος, τό: a subject for speculation, a question
συγκαλέω: to call to council, convene
συντίθημι: to put together
τέλος, -εος, τό: the fulfilment or completion
τιμή, ἡ: honor, value
ὑστεραῖος, -α, -ον: on the day after, the next day

ἀπῆλθον: aor., "they went away"
εἰς τὴν ὑστεραίαν (sc. ἡμέραν): "on the next day"
συνθέμενοι: aor. part. of **συν-τίθημι**, "they, *having agreed*" + inf.
ἐπεξελεύσεσθαι: fut. inf. of **ἐπι-ἐξ-έρχομαι** complementing **συνθέμενοι**, "agreed *to carry out* the subject"
κἀγὼ (= καὶ ἐγώ): "and I"
παρομαρτῶν: pres. part., "I, *accompanying* the crowd"
ἐπήκουον: impf. of **ἐπι-ακούω**, "I was listening to" + gen. of source
ἀπιόντων ... ἐπαινούντων ... αἱρουμένων: pres. part. gen. pl. after **ἐπήκουον**, "I listened to them *going ... praising ... preferring*"
παρὰ πολὺ: "preferring *by far*"
οἱ μὴ ἀξιοῦντες: pres. part. attributive, "there were some *who were not deeming it worthy to*" + inf.
προκατεγνωκέναι: perf. part. of **προ-κατα-γιγνώσκω** after **ἀξιοῦντες**, "worthy *to have prejudged*"
εἴ τι ... ἐρεῖ: fut. in ind. quest., "whether he will say something"
εἰ λογιεῖσθε: fut. in future most vivid protasis, "no small matter *if you shall consider*"

οἱ ἄνθρωποί εἰσιν: εἰ δ' οὗτοι πεισθεῖεν ἢ μηδὲ ὅλως θεοὺς εἶναι ἢ ὄντας ἀπρονοήτους εἶναι σφῶν αὐτῶν, ἄθυτα καὶ ἀγέραστα καὶ ἀτίμητα ἡμῖν ἔσται τὰ ἐκ γῆς καὶ μάτην ἐν οὐρανῷ καθεδούμεθα λιμῷ ἐχόμενοι, ἑορτῶν ἐκείνων καὶ πανηγύρεων καὶ ἀγώνων καὶ θυσιῶν καὶ παννυχίδων καὶ πομπῶν στερούμενοι.

ὡς οὖν ὑπὲρ τηλικούτων φημὶ δεῖν ἅπαντας ἐπινοεῖν τι σωτήριον τοῖς παροῦσι καὶ ἀφ' ὅτου κρατήσει μὲν ὁ Τιμοκλῆς καὶ δόξει ἀληθέστερα λέγειν, ὁ Δᾶμις δὲ καταγελασθήσεται

ἀγέραστος, -ον: without a gift of honour
ἀγών, -ου, ὁ: a contest in honor of a god
ἄθυτος, -ον: without offerings
ἀληθής, -ές: true
ἀπρονόητος, -ον: not exercising providence about (+ gen.)
ἀτίμητος, -ον: unhonoured, despised
δοκέω: to seem to (+ inf.)
ἑορτή, ἡ: a feast
ἐπινοέω: to think about, contrive
θυσία, ἡ: an offering
καθέζομαι: to sit down, take one's seat
καταγελάω: to laugh at, jeer

κρατέω: to prevail
λιμός, -οῦ, ἡ: hunger, famine
μάτην: in vain, idly
οὐρανός, ὁ: heaven
πανήγυρις, -εως, ἡ: a festal assembly in honor of a god
παννυχίς, -ίδος, ἡ: a night-festival
πάρειμι: to be present
πείθω: to persuade
πομπή, ἡ: a solemn procession
στερέω: to deprive, bereave, rob of
σωτήριος, -ον: saving, delivering
τηλικοῦτος, -αύτη, -οῦτο: such great

εἰ ... πεισθεῖεν: aor. opt. pass. in fut. less vivid protasis, "if they were to be persuaded"
ἢ μηδὲ... εἶναι ἢ ... εἶναι: pres. inf. in ind. st. after πεισθεῖεν, "persuaded *either that the gods are not ... or that they are*"
ὄντας: pres. part. conditional, "if they do exist"
ἔσται ... καθεδούμεθα: fut. in future more vivid apodisis, "our places on earth *will be ... we will sit*"
ἐχόμενοι: pres. part. pass., "*being held* by famine"
στερούμενοι: pres. part., "we, being deprived of" + gen.
δεῖν: pres. inf after φημὶ, "I declare *that it is necessary*"
ἐπινοεῖν: pres. inf. after δεῖν, "necessary that all *think about*"
τοῖς παροῦσι: pres. part. dat. attributive, "saving *for the present* (matters)"
ἀφ' ὅτου: "*from what* he will prevail" i.e. how he will prevail
καταγελασθήσεται: fut. pass., "while Davis *will be laughed at*"

πρὸς τῶν ἀκουόντων· ὡς ἔγωγε οὐ πάνυ τῷ Τιμοκλεῖ πέποιθα ὡς κρατήσει καθ' ἑαυτόν, ἢν μὴ καὶ τὰ παρ' ἡμῶν αὐτῷ προσγένηται. κήρυττε οὖν, ὦ Ἑρμῆ, τὸ κήρυγμα τὸ ἐκ τοῦ νόμου, ὡς ἀνιστάμενοι συμβουλεύοιεν.

ΕΡΜΗΣ:

Ἄκουε, σίγα, μὴ τάραττε· τίς ἀγορεύειν βούλεται τῶν τελείων θεῶν, οἷς ἔξεστι; τί τοῦτο; οὐδεὶς ἀνίσταται, ἀλλ' ἡσυχάζετε πρὸς τὸ μέγεθος τῶν ἠγγελμένων ἐκπεπληγμένοι;

ΜΩΜΟΣ:

Ἀλλ' ὑμεῖς μὲν πάντες ὕδωρ καὶ γαῖα γένοισθε· ἐγὼ δέ, εἴ γέ μοι μετὰ παρρησίας λέγειν δοθείη, πολλὰ ἄν, ὦ Ζεῦ, ἔχοιμι εἰπεῖν.

ἀγγέλλω: to bear a message
ἀγορεύω: to speak in the assembly
ἀνίστημι: to make to stand up
βούλομαι: to will, wish (+ *inf.*)
γαῖα, ἡ: land, earth
δίδωμι: to give
εἶπον: to say (*aor.*)
ἐκπλήττω: to shock
ἔξεστι: it is allowed
ἡσυχάζω: to keep quiet
κήρυγμα, -ατος, τό: a proclamation

κηρύττω: to announce
μέγεθος, -εος, τό: greatness, size
νόμος, ὁ: custom, law
παρρησία, ἡ: openness, frankness
προσγίγνομαι: to come to
σιγάω: to keep silent
συμβουλεύω: to advise, counsel
ταράττω: to stir up, trouble
τέλειος, -α, -ον: perfect, complete
ὕδωρ, ὕδατος, τό: water

πέποιθα: perf. of πείθω with present sense, "since I do not trust" + dat.
ὡς κρατήσει: fut. in ind. st.,, "trust that he will prevail"
καθ' ἑαυτόν: "will prevail *on his own*"
ἢν μὴ ... προσγένηται: aor. subj. in future more vivid protasis, "*unless we come to* him"
ὡς .... συμβουλεύοιεν: pres. opt. in purpose clause, "so they can advise"
τῶν ἠγγελμένων: perf. part. of ἀγγέλλω attributive, "magnitude *of the things announced*"
ἐκπεπληγμένοι: perf. part. pass., "you, *having been shocked*"
γένοισθε: aor. opt. of wish, "would that you all become!"
εἴ γέ ... δοθείη: aor. opt. in future less vivid protasis, "*if it is granted* to me"
ἔχοιμι: pres. opt. in future less vivid apodosis, "then I would be able" + inf.

ΖΕΥΣ:

Λέγε, ὦ Μῶμε, πάνυ θαρρῶν· δῆλος γὰρ εἶ ἐπὶ τῷ συμφέροντι παρρησιασόμενος.

ΜΩΜΟΣ:

Οὐκοῦν ἀκούετε, ὦ θεοί, τά γε ἀπὸ καρδίας, φασίν· ἐγὼ γὰρ καὶ πάνυ προσεδόκων ἐς τόδε ἀμηχανίας περιστήσεσθαι τὰ ἡμέτερα καὶ πολλοὺς τοιούτους ἀναφύσεσθαι ἡμῖν σοφιστάς, παρ' ἡμῶν αὐτῶν τὴν αἰτίαν τῆς τόλμης λαμβάνοντας· καὶ μὰ τὴν Θέμιν οὔτε τῷ Ἐπικούρῳ ἄξιον ὀργίζεσθαι οὔτε τοῖς ὁμιληταῖς αὐτοῦ καὶ διαδόχοις τῶν λόγων, εἰ τοιαῦτα περὶ ἡμῶν ὑπειλήφασιν.

αἰτία, ἡ: a cause, motive
ἀμηχανία, ἡ: helplessness, impotence
ἀναφύω: to engender
ἄξιος, -α, -ον: worthy, fitting
δῆλος, -η, -ον: visible, conspicuous
διάδοχος, ὁ: a follower
θαρρέω: to be of good courage
καρδία, ἡ: the heart
λαμβάνω: to take
ὁμιλητής, -οῦ, ὁ: a disciple, scholar

ὀργίζω: to provoke to anger, irritate
οὐκοῦν: therefore, then
παρρησιάζομαι: to speak freely
περιΐστημι: to place round, to devolve upon (mid.)
προσδοκάω: to expect
σοφιστής, -οῦ, ὁ: a sophist
συμφέρω: to confer a benefit
τόλμα, -ης, ἡ: daring
ὑπολαμβάνω: to understand

δῆλος ... εἶ: "you are clearly" + part.
ἐπὶ τῷ συμφέροντι: pres. part. attributive, "for the purpose of benefit"
παρρησιασόμενος: fut. part. supplementing δῆλος εἶ, "you are clearly *about to speak frankly*"
φασίν: "as they say" i.e. as the saying goes
περιστήσεσθαι ... ἀναφύσεσθαι: fut. mid. inf. after προσεδόκων, "expecting us *to be placed* ... and sophists *to be engendered*"
παρ' ἡμῶν αὐτῶν: "taking *from our own selves*"
λαμβάνοντας: pres. part. agreeing with σοφιστάς, "*who take* their motive"
μὰ τὴν Θέμιν: "(I swear) by Themis" goddess of justice
ὀργίζεσθαι: pres. pass. inf. epexegetic after ἄξιον, "nor is it worthy to be irritated at" + dat.
εἰ ... ὑπειλήφασιν: perf. in simple protasis, "if they have understood"

ἢ τί γὰρ αὐτοὺς ἀξιώσειέ τις ἂν φρονεῖν, ὁπόταν ὁρῶσι τοσαύτην ἐν τῷ βίῳ τὴν ταραχήν, καὶ τοὺς μὲν χρηστοὺς αὐτῶν ἀμελουμένους, ἐν πενίᾳ καὶ νόσοις καὶ δουλείᾳ καταφθειρομένους, παμπονήρους δὲ καὶ μιαροὺς ἀνθρώπους προτιμωμένους καὶ ὑπερπλουτοῦντας καὶ ἐπιτάττοντας τοῖς κρείττοσι, καὶ τοὺς μὲν ἱεροσύλους οὐ κολαζομένους ἀλλὰ διαλανθάνοντας, ἀνασκολοπιζομένους δὲ καὶ τυμπανιζομένους ἐνίοτε τοὺς οὐδὲν ἀδικοῦντας;

Εἰκότως τοίνυν ταῦτα ὁρῶντες οὕτω διανοοῦνται περὶ ἡμῶν ὡς οὐδὲν ὅλως ὄντων, καὶ μάλιστα ὅταν ἀκούωσι τῶν

ἀδικέω: to do wrong
ἀμελέω: to neglect
ἀνασκολοπίζω: to impale
ἀξιόω: to deem worthy to (+ *inf.*)
βίος, ὁ: life
διαλανθάνω: to escape notice
διανοέω: to have in mind, think
δουλεία, ἡ: servitude, slavery
εἰκότως: reasonably, naturally
ἐνίοτε: sometimes
ἐπιτάττω: to put in command over (+ *dat.*)
ἱερόσυλος, ὁ: a temple-robber
καταφθείρω: to destroy utterly
κολάζω: to punish

κρείττων, -ον,: stronger, better
μιαρός, -ά, -όν: stained
νόσος, ἡ: sickness, disease
παμπόνηρος, -ον: all-depraved
πενία, ἡ: poverty, need
προτιμάω: to honour
ταραχή, ἡ: trouble, disorder
τοίνυν: therefore, accordingly
τοσοῦτος, -αύτη, -οῦτο: so large, so much
τυμπανίζω: to scourge
ὑπερπλουτέω: to be exceeding rich
φρονέω: to think
χρηστός, -ή, -όν: useful, serviceable

ἀξιώσειέ τις ἂν: aor. opt. pot., "what *would anyone deem it worthy* for them" + inf.
ὁπόταν ὁρῶσι: pres. subj. in general temporal clause, "when (ever) they see"
ἀμελουμένους ... καταφθειρομένους: pres. part. in ind. st. after ὁρῶσι, "see that the good *are neglected ... are destroyed*"
προτιμωμένους ... ὑπερπλουτοῦντας ... ἐπιτάττοντας: pres. part. in ind. st. after ὁρῶσι, "that depraved men *are honored ... become very rich ... are put in command over*" + dat.
τοὺς οὐδὲν ἀδικοῦντας: pres. part. acc. attibutive serving as subject of preceding particples in ind. st., "*that those doing wrong not at all* are impaled or scourged"
ὡς ... ὄντων: pres. part. gen. attracted to case of ἡμῶν, "about us *that we are*"
ὅταν ἀκούωσι: pres. subj. in general temporal clause, "whever they hear" + gen. of source

χρησμῶν λεγόντων, ὡς διαβάς τις τὸν Ἅλυν μεγάλην ἀρχὴν καταλύσει, οὐ μέντοι δηλούντων, εἴτε τὴν αὑτοῦ εἴτε τὴν τῶν πολεμίων· καὶ πάλιν

    ὦ θείη Σαλαμίς, ἀπολεῖς δὲ σὺ τέκνα γυναικῶν.

καὶ Πέρσαι γάρ, οἶμαι, καὶ Ἕλληνες γυναικῶν τέκνα ἦσαν. ὅταν μὲν γὰρ τῶν ῥαψῳδῶν ἀκούωσιν, ὅτι καὶ ἐρῶμεν καὶ τιτρωσκόμεθα καὶ δεσμούμεθα καὶ δουλεύομεν καὶ στασιάζομεν καὶ μυρία ὅσα πράγματα ἔχομεν, καὶ ταῦτα μακάριοι καὶ ἄφθαρτοι ἀξιοῦντες εἶναι, τί ἄλλο ἢ δικαίως καταγελῶσι καὶ ἐν οὐδενὶ λόγῳ τίθενται τὰ ἡμέτερα; ἡμεῖς

Ἅλυς, ὁ: the Halys River that separated Lydia from the Persian empire
ἀπόλλυμι: to destroy utterly
ἀρχή, ἡ: empire
ἄφθαρτος, -ον: incorruptible
γυνή, -αικός, ἡ: woman
δεσμεύω: to fetter
δηλόω: to make visible or manifest, to show, exhibit
διαβαίνω: to make a stride, cross
δικαίως: justly
δουλεύω: to be a slave
εἴτε: whether ... or
Ἕλλην, -ηνος, ὁ: a Greek
ἐράω: to love
θεῖος, -α, -ον: sacred

καταγελάω: to laugh at, jeer at
καταλύω: to put down, destroy
μακάριος, -α, -ον: blessed, happy
μυρίος, -ος, -ον: numberless
πάλιν: again
Πέρσης, ὁ: a Persian
πολέμιος, -α, -ον: hostile, enemy
πρᾶγμα, -ατος, τό: a deed, act
ῥαψῳδός, ὁ: a rhapsode
Σαλαμίς, ἡ: Salamis
στασιάζω: to rebel
τέκνον, τό: a child
τίθημι: to set, put, place
τιτρώσκω: to wound
χρησμός, ὁ: oracular response, oracle

ὡς ... καταλύσει: fut. in ind. st., "saying that someone *will destroy*"
διαβάς: aor. part. instrumental of δια-βαίνω, "destroy *by crossing*"
δηλούντων: pres. part. gen. pl. agreeing with χρησμῶν, "the oracles *not clarifying*"
τὴν αὑτοῦ (= ἑαυτοῦ): "whether *his own* empire" The oracle received by Croesus that he would destroy a great empire by attacking Persia turned out to mean he would destroy his own, a classic example of oracular ambiguity; see Herodotus 1, 53.
ἀπολεῖς: fut. of ἀπόλλυμι, "you will destroy" from the famous oracle about the "wooden wall"; see Herodotus 7, 141.
ὅταν ... ἀκούωσιν: aor. subj. in general temporal clause, "whenever they hear from" + gen.
ἀξιοῦντες: pres. part. concessive, "despite deeming ourselves worthy" + inf.
ἐν οὐδενὶ λόγῳ: "in no account" i.e. of no importance

δὲ ἀγανακτοῦμεν, εἴ τινες ἄνθρωποι ὄντες οὐ πάνυ ἀνόητοι διελέγχουσι ταῦτα καὶ τὴν πρόνοιαν ἡμῶν παρωθοῦνται, δέον ἀγαπᾶν εἴ τινες ἡμῖν ἔτι θύουσι τοιαῦτα ἐξαμαρτάνουσιν.

Καί μοι ἐνταῦθα, ὦ Ζεῦ -- μόνοι γάρ ἐσμεν καὶ οὐδεὶς ἄνθρωπος πάρεστι τῷ συλλόγῳ ἔξω Ἡρακλέους καὶ Διονύσου καὶ Γανυμήδους καὶ Ἀσκληπιοῦ, τῶν παρεγγράπτων τούτων -- ἀπόκριναι μετ' ἀληθείας, εἴ ποτέ σοι ἐμέλησεν ἐς τοσοῦτον τῶν ἐν τῇ γῇ, ὡς ἐξετάσαι οἵτινες αὐτῶν οἱ φαῦλοι ἢ οἵτινες οἱ χρηστοί εἰσιν· ἀλλ' οὐκ ἂν εἴποις.

ἀγανακτέω: to feel irritation
ἀγαπάω: to treat with affection, to love
ἀλήθεια, ἡ: truth
ἀνόητος, -ον: witless
ἀποκρίνομαι: to answer
Ἀσκληπιός, ὁ: Asclepius
Γανυμήδης, ὁ: Ganymede
γῆ, ἡ: earth
διελέγχω: to refute, criticize
Διόνυσος, ὁ: Dionysus
εἶπον: to speak, say (aor.)
ἐνταῦθα: here
ἐξαμαρτάνω: to err, fail
ἐξετάζω: to examine closely

ἔξω: except for (+ gen.)
Ἡρακλῆς, ὁ: Heracles
θύω: to sacrifice to (+ dat.)
μέλω: to be an object of care
μόνος, -η, -ον: alone
παρέγγραπτος, -ον: illegally registered
πάρειμι: to be present
παρωθέω: to reject, slight
πρόνοια, ἡ: foresight, foreknowledge
σύλλογος, ὁ: an assembly
τοσοῦτος, -αύτη, -οῦτο: so large, so tall
φαῦλος, -η, -ον: slight, mean, common
χρηστός, -ή, -όν: good

ὄντες: pres. part., "if anyone *being* not wholly witless"
δέον: pres. part. acc. abs., "it being necessary" + inf.
ἐξαμαρτάνουσιν: pres. part. dat. agreeing with ἡμῖν, "us, *who are erring*"
Ἡρακλέους ... Ἀσκληπιοῦ: all had a human parent but dwelled on Olympus with the other gods
ἀπόκριναι: aor. imper., "answer me!"
εἴ ποτέ σοι ἐμέλησεν: aor. in ind. quest. after ἀπόκριναι, "answer *whether it was ever a care to you for*" + gen
ἐς τοσοῦτον ... ὡς: "to such an extent ... so that" introducing result clause
ἐξετάσαι: aor. inf. in result clause, "so that you examined"
οἵτινες: introducing ind. quest., "*who of them are*"
οὐκ ἂν εἴποις: aor. opt. pot., "you couldn't say"

εἰ γοῦν μὴ ὁ Θησεὺς ἐκ Τροιζῆνος εἰς Ἀθήνας ἰὼν ὁδοῦ πάρεργον ἐξέκοψε τοὺς κακούργους, ὅσον ἐπὶ σοὶ καὶ τῇ σῇ προνοίᾳ οὐδὲν ἂν ἐκώλυεν ζῆν ἐντρυφῶντας ταῖς τῶν ὁδῷ βαδιζόντων σφαγαῖς τὸν Σκείρωνα καὶ Πιτυοκάμπτην καὶ Κερκυόνα καὶ τοὺς ἄλλους: ἢ εἴ γε μὴ ὁ Εὐρυσθεύς, ἀνὴρ δίκαιος καὶ προνοητικός, ὑπὸ φιλανθρωπίας ἀναπυνθανόμενος τὰ παρ' ἑκάστοις ἐξέπεμπε τουτονὶ τὸν οἰκέτην αὐτοῦ,

Ἀθῆναι, -ῶν, αἱ: the city of Athens
ἀναπυνθάνομαι: to ascertain
βαδίζω: to go slowly, to walk
γοῦν: at least then, at any rate
δίκαιος, -α, -ον: just
ἕκαστος, -η, -ον: every one
ἐκκόπτω: to cut out, knock out
ἐκπέμπω: to send out or forth
ἐντρυφάω: to revel in
Εὐρυσθεύς, ὁ: Eurystheus, for whom Heracles was made to do 12 labors
ζάω: to live
Θησεύς, ὁ: Theseus

κάκουργος, -ον: mischievous, knavish
Κερκυών, -ονα, ὁ: Cercyon, the wrestler
κωλύω: to prevent X (*acc.*) from Y (*inf.*)
ὁδός, ἡ: a way, path, track, road, highway
οἰκέτης, -ου, ὁ: a house-slave
πάρεργος, -ον: incidental
Πιτυοκάμπτης, -ου, ὁ: Sinis the pine-bender
προνοητικός, -ή, -όν: provident
πρόνοια, ἡ: foresight, foreknowledge
Σκείρων, -ος, ὁ: Sciron
σφαγή, ἡ: slaughter
Τροιζήν, -ῆνος, ἡ: Troezen
φιλανθρωπία, ἡ: benevolence

εἰ γοῦν μὴ ... ἐξέκοψε: aor. on past contrafactual protasis, "indeed if Theseus had not knocked out"
ἰών: pres. part., "*going* on the road"
πάρεργον: acc. adverbial, "incidentally"
ὅσον ἐπὶ: so far as" + dat.
ἂν ἐκώλυεν: impf. in present contrafactual apodosis, "nothing *would be preventing*"
ζῆν: pres. inf. after ἐκώλυεν, "preventing them *from living*"
ἐντρυφῶντας: acc. pl. agreeing with subject of ζῆν, "them *reveling in*" + dat.
τῶν ὁδῷ βαδιζόντων: pres. part. attributive, "slaughters *of those walking on the road*"
τὸν Σκείρωνα ... τοὺς ἄλλους: famous villains subdued by Theseus
εἴ γε μὴ ... ἐξέπεμπε: impf. in past contrafactual protasis, where the aorist is normal, "if he had not sent forth"
ἀναπυνθανόμενος: pres. part. (where the aorist is expected), "Eurystheus, *after ascertaining*"
τουτονὶ τὸν οἰκέτην αὐτοῦ: "this here slave of his" i.e. Heracles, whose services to Eurystheus were not generally ascribed to that man's "philanthropy"

ἐργατικὸν ἄνθρωπον καὶ πρόθυμον εἰς τοὺς πόνους, ὦ Ζεῦ, σὺ ὀλίγον ἐφρόντισας ἂν τῆς Ὕδρας καὶ τῶν ἐν Στυμφάλῳ ὀρνέων καὶ ἵππων τῶν Θρᾳκίων καὶ τῆς Κενταύρων ὕβρεως καὶ παροινίας.

Ἀλλ' εἰ χρὴ τἀληθῆ λέγειν, καθήμεθα τοῦτο μόνον ἐπιτηροῦντες, εἴ τις θύει καὶ κνισᾷ τοὺς βωμούς· τὰ δ' ἄλλα κατὰ ῥοῦν φέρεται ὡς ἂν τύχῃ ἕκαστον παρασυρόμενα. τοιγαροῦν εἰκότα νῦν πάσχομεν καὶ ἔτι πεισόμεθα, ἐπειδὰν κατ'

ἀληθής, -ές: unconcealed, true
βωμός, ὁ: an altar
ἐπιτηρέω: to look out for
ἐργατικός, -ή, -όν: given to labour
Θρᾴκιος, -α, -ον: Thracian
θύω: to sacrifice
ἵππος, ὁ: a horse, mare
κάθημαι: to be seated
Κένταυρος, ο: a Centaur
κνισάω: to fill with savour of burnt sacrifice
μόνος, -η, -ον: alone
ὀλίγος, -η, -ον: few, little, scanty, small
ὄρνεον, τό: a bird
παρασύρω: to sweep away, carry away
παροινία, ἡ: drunken violence

πάσχω: to suffer
πείθω: to prevail upon, win over, persuade
πόνος, ὁ: work
πρόθυμος, -ον: ready, eager
ῥόος, ὁ: a stream, flow, current
Στύμφαλος, ο: Stymphalos, an Arcadian town
τοιγαροῦν: so therefore, accordingly
τυγχάνω: to hit upon, happen
ὕβρις, -εως, ἡ: wanton violence or insolence
Ὕδρα, ἡ: Hydra, water-serpent
φέρω: to bear
φροντίζω: to think, consider
χρή: it is necessary

ἐφρόντισας: aor. in past contrafactual apodosis, "*you would have thought* little of" + gen.
τῆς Ὕδρας: a multi-headed monster slain by Heracles
ὀρνέων: the Stymphalian birds were man-eating
ἵππων: the man-eating mares of Thracian Diomedes
Κενταύρων: the Centaurs became drunk after drinking unmixed wine and attacked Heracles
εἴ τις θύει: ind. quest. in apposition to τοῦτο, "looking out for thing one thing, namely, *whether anyone sacrifices*"
ὡς ἂν τύχῃ: aor. subj. in general clause, "however they happen to" + part.
παρασυρόμενα: pres. part. neut. pl. nom. supplementing τύχῃ, "happen to be swept along"
εἰκότα: adverbial acc., "*reasonably* we now suffer"
πεισόμεθα: fut. of πάσχω, "we will suffer"
ἐπειδὰν ... εὑρίσκωσιν: pres. subj. in general temporal clause, "whenever they are finding"

ὀλίγον οἱ ἄνθρωποι ἀνακύπτοντες εὑρίσκωσιν οὐδὲν ὄφελος αὐτοῖς ὄν, εἰ θύοιεν ἡμῖν καὶ τὰς πομπὰς πέμποιεν.

εἶτ' ἐν βραχεῖ ὄψει καταγελῶντας τοὺς Ἐπικούρους καὶ Μητροδώρους καὶ Δάμιδας, κρατουμένους δὲ καὶ ἀποφραττομένους ὑπ' αὐτῶν τοὺς ἡμετέρους συνηγόρους: ὥστε ὑμέτερον ἂν εἴη παύειν καὶ ἰᾶσθαι ταῦτα, τῶν καὶ ἐς τόδε αὐτὰ προαγαγόντων. Μώμῳ δὲ οὐ μέγας ὁ κίνδυνος, εἰ ἄτιμος ἔσται: οὐδὲ γὰρ πάλαι τῶν τιμωμένων ἦν, ὑμῶν ἔτι εὐτυχούντων καὶ τὰς θυσίας καρπουμένων.

ἀνακύπτω: to lift up the head
ἀποφράττω: block up, silence
ἄτιμος, -ον: unhonored, dishonored
βραχύς, -εῖα, -ύ: short
Ἐπίκουρος, ὁ: Epicurus, founder of his own school
εὑρίσκω: to find
εὐτυχέω: to be prosperous
θυσία, ἡ: an offering
ἰάομαι: to heal, cure
καρπόομαι: to enjoy fruit from (+ acc.)
καταγελάω: to laugh at, jeer
κίνδυνος, ὁ: a danger

κρατέω: to be strong, prevail
Μητρόδωρος, ὁ: Metrodorus, the name of several philosophers
ὄφελος, τό: furtherance, advantage, help
ὄψομαι: to see (*fut.*)
πάλαι: long ago, in olden time
παύω: to make to cease
πέμπω: to conduct
πομπή, ἡ: a religious procession
προάγω: to lead forward
συνήγορος, ὁ: an advocate
τιμάω: to honor

κατ' ὀλίγον: "little by little"

ἀνακύπτοντες: pres. part. instrumental, "by looking upwards"

ὄν: pres. part. in ind. st. after εὑρίσκωσιν, "finding *that there is* no advantage"

εἰ θύοιεν ... πέμποιεν: pres. opt. in present general protasis, "if (ever) they sacrifice ... if they conduct"

τὰς πομπὰς: cognate acc., "conduct *processions*"

καταγελῶντας: pres. part. acc. circumstantial after ὄψει, "you will see them *jeering*"

κρατουμένους ... ἀποφραττομένους: pres. part. acc. circumstantial after ὄψει, "you will see our advocates *being defeated ... being silenced*"

ἂν εἴη: pres. opt. pot., "and so *it should be* your (task)"

παύειν καὶ ἰᾶσθαι: pres. inf. epexegetic, "your task *to stop and heal*"

τῶν ... προαγαγόντων: aor. part. attributive agreeing in sense with ὑμέτερον, "your (task), *you who have led forward*"

τῶν τιμωμένων: pres. part. gen. partitive, "I was not one *of the honored ones*"

εὐτυχούντων ... καρπουμένων: pres. part. in gen. abs., "while you still *being prosperous ...*"

ΖΕΥΣ:

Τοῦτον μέν, ὦ θεοί, ληρεῖν ἐάσωμεν ἀεὶ τραχὺν ὄντα καὶ ἐπιτιμητικόν· ὡς γὰρ ὁ θαυμαστὸς Δημοσθένης ἔφη, τὸ μὲν ἐγκαλέσαι καὶ μέμψασθαι καὶ ἐπιτιμῆσαι ῥᾴδιον καὶ παντός, τὸ δὲ ὅπως τὰ παρόντα βελτίω γενήσεται συμβουλεῦσαι, τοῦτ' ἔμφρονος ὡς ἀληθῶς συμβούλου· ὅπερ οἱ ἄλλοι εὖ οἶδ' ὅτι ποιήσετε καὶ τούτου σιωπῶντος.

ΠΟΣΕΙΔΩΝ:

Ἐγὼ δὲ τὰ μὲν ἄλλα ὑποβρύχιός εἰμι, ὡς ἴστε, καὶ ἐν βυθῷ πολιτεύομαι κατ' ἐμαυτόν, εἰς ὅσον ἐμοὶ δυνατὸν

ἀεί: always
βελτίων, -ον: better
βυθός, ὁ: the depth (of the sea)
δυνατός, -ή, -όν: able
ἐάω: to allow
ἐγκαλέω: to call in, bring a charge
ἔμφρων, -ον: in one's mind or senses
ἐπιτιμέω: to censure
ἐπιτιμητικός, -ή, -όν: censorious, critical
θαυμαστός, -ή, -όν: marvellous
ληρέω: to speak foolishly

μέμφομαι: to blame, censure, find fault with
πάρειμι: to be present
ποιέω: to make
πολιτεύω: to live as a citizen
Ποσειδῶν, -ῶνος, -ῶ: Poseidon
ῥᾴδιος, -α, -ον: easy to do
σιωπάω: to be silent
συμβουλεύω: to advise, counsel
σύμβουλος, ὁ: an adviser, counsellor
τραχύς, -εῖα, -ύ: rugged, rough
ὑποβρύχιος, -ον: under water

τοῦτον: acc. subect of **ληρεῖν**, referring to Momus
ἐάσωμεν: aor. subj. hortatory, "let us allow" + inf. i.e. ignore
ὄντα: pres. part. causal agreeing with **τοῦτον**, "since he is"
ὡς **Δημοσθένες ἔφη**: *Olynthian* 1.16
τὸ ἐγκαλέσαι ... μέμψασθαι καὶ ἐπιτιμῆσαι: aor. inf. articular, "*to bring a charge ... to blame and to censure* is easy"
παντός: gen., "easy *for everyone*"
τὸ ... συμβουλεῦσαι: aor. inf. articular, "to give counsel"
ὅπως ... γενήσεται: fut. in ind. quest. after **συμβουλεῦσαι**, "counsel *how* the present *will be* better"
εὖ οἶδ' ὅτι: "which *I know well that*"
σιωπῶντος: pres. part. in gen. abs. with concessive force, "even with this one (i.e. Momus) *being silent*"

σώζων τοὺς πλέοντας καὶ παραπέμπων τὰ πλοῖα καὶ τοὺς ἀνέμους καταμαλάττων: ὅμως δ' οὖν -- μέλει γάρ μοι καὶ τῶν ἐνταῦθα -- φημὶ δεῖν τὸν Δᾶμιν τοῦτον ἐκποδὼν ποιήσασθαι, πρὶν ἐπὶ τὴν ἔριν ἥκειν, ἤτοι κεραυνῷ ἤ τινι ἄλλῃ μηχανῇ, μὴ καὶ ὑπέρσχῃ λέγων -- φὴς γάρ, ὦ Ζεῦ, πιθανόν τινα εἶναι αὐτόν: ἅμα γὰρ καὶ δείξομεν αὐτοῖς ὡς μετερχόμεθα τοὺς τὰ τοιαῦτα καθ' ἡμῶν διεξιόντας.

ΖΕΥΣ:

Παίζεις, ὦ Πόσειδον, ἢ τέλεον ἐπιλέλησαι ὡς οὐδὲν ἐφ' ἡμῖν τῶν τοιούτων ἐστίν, ἀλλ' αἱ Μοῖραι ἑκάστῳ ἐπικλώθουσι,

---

ἅμα: at the same time
ἄνεμος, ὁ: wind
δείκνυμι: to bring to light, display, exhibit
ἕκαστος, -η, -ον: each one
ἐκποδών: away from the feet, out of the way
ἐπικλώθω: to spin to
ἔρις, -ιδος, ἡ: strife, debate
ἥκω: to have come
ἤτοι: now surely, truly, verily
καταμαλάττω: to soften much
κεραυνός, ὁ: a thunderbolt
μέλω: to be an object of care
μετέρχομαι: to go among, attack

μηχανή, ἡ: an instrument
Μοῖραι, αἱ: the Fates, three sisters who decided men's destinies
ὅμως: nevertheless
παίζω: to play, fool around
παραπέμπω: to convey past or through
πιθανός, -ή, -όν: persuasive
πλέω: to sail, go by sea
πλοῖον, τό: a ship, vessel
πρίν: before (+ *inf*.)
σώζω: to save
τέλεον: completely
ὑπερέχω: to outdo, prevail

εἰς ὅσον ἐμοὶ δυνατὸν: "to as much power to me" i.e. as much as I can"
σώζων ... παραπέμπων ... καταμαλάττων: pres. part. instrumental, "by saving ... conveying ... softening"
τῶν ἐνταῦθα: gen. after μέλει, "care for *the things here*" i.e. on Olympus
ἐκποδὼν ποιήσασθαι: aor. inf. mid. after δεῖν, "necessary *that we make him out of the way*"
πρὶν ... ἥκειν: "before coming"
μὴ ... ὑπέρσχῃ: aor. subj. of ὑπερ-έχω, "*lest he prevail* in speaking"
δείξομεν: fut. of δείκνυμι, "at the same time *we will show*"
τοὺς ... διεξιόντας: pres. part. of δια-εξ-έρχομαι, "attach *those narrating*"
τέλεον: acc. adverbial, "completely"
ἐπιλέλησαι: perf. of ἐπι-λανθάνω, "have you forgotten?"
ὡς οὐδὲν ... ἐστίν: noun clause after ἐπιλέλησαι, ""*that there is nothing* to us"
ἐπικλώθουσι: the Fates were imagined as sisters respectively spinning, measuring and cutting the "thread" of fate for each

τὸν μὲν κεραυνῷ, τὸν δὲ ξίφει, τὸν δὲ πυρετῷ ἢ φθόῃ ἀποθανεῖν; ἐπεὶ εἴ γέ μοι ἐπ' ἐξουσίας τὸ πρᾶγμα ἦν, εἴασα ἄν, οἴει, τοὺς ἱεροσύλους πρῴην ἀπελθεῖν ἀκεραυνώτους ἐκ Πίσης δύο μου τῶν πλοκάμων ἀποκείραντας ἓξ μνᾶς ἑκάτερον ἕλκοντας; ἢ σὺ αὐτὸς περιεῖδες ἂν ἐν Γεραιστῷ τὸν ἁλιέα τὸν ἐξ Ὠρεοῦ ὑφαιρούμενόν σου τὴν τρίαιναν; ἄλλως τε καὶ δόξομεν ἀγανακτεῖν λελυπημένοι τῷ πράγματι καὶ δεδιέναι τοὺς παρὰ τοῦ Δάμιδος λόγους καὶ δι' αὐτὸ ἀποσκευάζεσθαι τὸν

ἀγανακτέω: to feel irritation
ἀκεραύνωτος, -ον: not lightning-struck
ἁλιεύς, ὁ: a fisherman
ἄλλως: in another way or manner
ἀπῆλθον: to go away (*aor.*)
ἀποθνῄσκω: to die off, die
ἀποκείρω: to clip or cut off
ἀποσκευάζω: to get rid of
Γεραιστός, ὁ: site of celebrated temple to Poseidon
δέδια: to fear (*perf.*)
δοκέω: to seem to + *inf.*
δύο: two
ἐάω: to allow (+ *inf.*)
ἕλκω: to drag away
ἕξ: six

ἐξουσία, ἡ: power or authority
ἱερόσυλος, ὁ: a temple-robber
κεραυνός, ὁ: a thunderbolt
λυπέω: to pain, annoy
μνᾶ, ἡ: a mina (= 100 drachmae)
ξίφος, -εος, τό: a sword
περιεῖδον: to overlook (*aor.*)
Πίση, ἡ: Pisa, a fountain in Olympia
πλόκαμος, ὁ: a lock of hair
πρῴην: earlier
πυρετός, ὁ: burning fever
τρίαινα, ἡ: a trident
ὑφαιρέω: to seize from below
φθόη, ἡ: consumption
Ὠρεός, ὁ: a Euboean fishing village

τὸν μὲν ... ἀποθανεῖν: aor. inf. in appositional clause, "namely, *that this one dies* by thunder"
ἐπεὶ εἴ γέ ... ἦν: impf. in past contrafactual protasis, "*if it had been* in my power"
εἴασα ἄν: aor. in past contrafactual apodosis, "would I have allowed?" + inf.
οἴει: parenthetical, "do you suppose?"
ἀποκείραντας ... ἕλκοντας: part. agreeing with ἱεροσύλους, "thieves having clipped off ... dragging away""
τῶν πλοκάμων: gen. partitive, "two *of my curls of hair*"
περιεῖδες: aor. of περι-ὁράω in past contrafactual apodosis, "would you have overlooked?"
ὑφαιρούμενόν: pres. part., "the fisherman, *when he was seizing*"
ἄλλως τε καί: "otherwise and also" i.e. especially, indicating a climax
ἀγανακτεῖν ... δεδιέναι ... ἀποσκευάζεσθαι: inf. complementing δόξομεν, "we will seem *to feel irritation ... to fear ... to be contriving*"
λελυπημένοι: perf. part. pass. causal, "because *having been grieved*"

ἄνδρα, οὐ περιμείναντες ἀντεξετασθῆναι αὐτὸν τῷ Τιμοκλεῖ. ὥστε τί ἄλλο ἢ ἐξ ἐρήμης κρατεῖν οὕτω δόξομεν;

ΠΟΣΕΙΔΩΝ:

Καὶ μὴν ἐπίτομόν τινα ταύτην ᾤμην ἐπινενοηκέναι ἔγωγε πρὸς τὴν νίκην.

ΖΕΥΣ:

Ἄπαγε, θυννῶδες τὸ ἐνθύμημα, ὦ Πόσειδον, καὶ κομιδῇ παχύ, προαναιρήσειν τὸν ἀνταγωνιστὴν ὡς ἀποθάνοι ἀήττητος, ἀμφήριστον ἔτι καὶ ἀδιάκριτον καταλιπὼν τὸν λόγον.

ΠΟΣΕΙΔΩΝ:

Οὐκοῦν ἄμεινόν τι ὑμεῖς ἄλλο ἐπινοεῖτε, εἰ τἀμὰ οὕτως ὑμῖν ἀποτεθύννισται.

ἀδιάκριτος, -ον: undecided
ἀήττητος, -ον: unconquered
ἀμείνων, -ον: better
ἀμφήριστος, -ον: disputed
ἀνταγωνιστής, -οῦ, ὁ: an opponent
ἀντεξετάζω: to try, examine
ἄπαγε: away! begone! (*imper.*)
ἀποθνήσκω: to die off, die
ἀποθυννίζω: to "tuna" away, dismiss
δοκέω: to seem + *inf.*
ἐνθύμημα, -ατος, τό: a thought, piece of reasoning

ἐπινοέω: to think on or of, contrive
ἐπίτομος, -ον: cut off, shortened
ἐρῆμος, -ον: undefended
θυννώδης, -ες: like a tuna-fish
καταλείπω: to leave behind
κομιδῇ: exactly, just
κρατέω: to be strong, mighty
νίκη, ἡ: victory
οἴομαι: to suppose, think
παχύς, -εῖα, -ύ: thick, stout
περιμένω: to wait for, await
προαναιρέω: to take away before

περιμείναντες: aor. part., "not *having waited for*" + inf.
ἀντεξετασθῆναι: aor. pass. inf. after περιμείναντες, "waiting for him (Davis) *to be tested*"
ἐξ ἐρήμης (sc. γράφης): "to win *from an undefended (charge)*" i.e. by default
ἐπινενοηκέναι: perf. inf. of ἐπι-νοέω after ᾤμην, "I thought *that I had contrived*"
προαναιρήσειν: fut. inf. epexegetic after ἐνθύμημα, "your idea, namely, *to intend to remove beforehand*"
ὡς ἀποθάνοι: aor. opt. in purpose clause, "so that he dies"
καταλιπὼν: aor. part., "*having left behind* his argument"
εἰ ... ἀποτεθύννισται: perf., "if you have tunad me away" referring to Zeus taunt that his idea was "like a tuna"

ΑΠΟΛΛΩΝ:

Εἰ καὶ τοῖς νέοις ἔτι καὶ ἀγενείοις ἡμῖν ἐφεῖτο ἐκ τοῦ νόμου δημηγορεῖν, ἴσως ἂν εἶπόν τι συμφέρον εἰς τὴν διάσκεψιν.

ΜΩΜΟΣ:

Ἡ μὲν σκέψις, ὦ Ἄπολλον, οὕτω περὶ μεγάλων, ὥστε μὴ καθ' ἡλικίαν, ἀλλὰ κοινὸν ἅπασι προκεῖσθαι τὸν λόγον· χάριεν γάρ, εἰ περὶ τῶν ἐσχάτων κινδυνεύοντες περὶ τῆς ἐν τοῖς νόμοις ἐξουσίας μικρολογούμεθα.

σὺ δὲ καὶ πάνυ ἤδη ἔννομος εἶ δημηγόρος, πρόπαλαι μὲν ἐξ ἐφήβων γεγονώς, ἐγγεγραμμένος δὲ ἐς τὸ τῶν δώδεκα

ἀγένειος, -ον: beardless
ἅπας, ἅπασα, ἅπαν, : quite all, the whole
δημηγορέω: to speak in the assembly
δημηγόρος, ὁ: a popular orator
διάσκεψις, -εως, ἡ: inspection, examination
δώδεκα: twelve
ἐγγράφω: to inscribe, enroll
εἶπον: to speak, say (aor.)
ἔννομος, -ον: lawful, legal
ἐξουσία, ἡ: power or authority
ἔσχατος, -η, -ον: most extreme
ἔφηβος, ὁ: an ephebe, a young man
ἐφίημι: to leave to another, permit

ἤδη: already
ἡλικία, ἡ: time of life, age
κινδυνεύω: to be in danger
κοινός, -ή, -όν: common
μικρολογέομαι: to examine minutely, split hairs
νεος, -η, -ον: young
νόμος, ὁ: custom, law
πρόκειμαι: to be set before one
πρόπαλαι: very long ago
σκέψις, -εως, ἡ: a viewing, inquiry
συμφέρος, -η, -ον: useful
χαρίεις, -εσσα, -εiν: fine, clever

ἐφεῖτο: aor. mid. in past contrafactual protasis, "if it had been permitted" to + dat.
δημηγορεῖν: pres. inf. complementing ἐφεῖτο, "permitted *to speak*"
εἶπόν: aor. in past contrafactual apodosis, "*I would have said* something"
οὕτω ... ὥστε: correlatives introducing result clause, "such ... that"
μὴ καθ' ἡλικίαν: "not according to age"
προκεῖσθαι: pres. inf. in result clause, "so that *it is set before* all"
χάριεν: "it is *a fine thing*" ironic
εἰ ... μικρολογούμεθα: "if we split hairs"
κινδυνεύοντες: pres. part. temporal, "while we are in danger"
ἐξ ἐφήβων γεγονώς: perf. part., "you, *having become* from the boys" i.e. having passed boyhood into manhood
ἐγγεγραμμένος: perf. part. pass. of ἐν-γράφω, "you, *having been enrolled*"
ἐς τὸ τῶν δώδεκα ληξιαρχικόν: "into the official register of the 12 (gods)"

Zeus the Tragedian

ληξιαρχικόν, καὶ ὀλίγου δεῖν τῆς ἐπὶ Κρόνου βουλῆς ὤν·
ὥστε μὴ μειρακιεύου πρὸς ἡμᾶς, ἀλλὰ λέγε θαρρῶν ἤδη
τὰ δοκοῦντα, μηδὲν αἰδεσθεὶς εἰ ἀγένειος ὢν δημηγορήσεις,
καὶ ταῦτα βαθυπώγωνα καὶ εὐγένειον οὕτως υἱὸν ἔχων τὸν
Ἀσκληπιόν. ἄλλως τε καὶ πρέπον ἂν εἴη σοι νῦν μάλιστα
ἐκφαίνειν τὴν σοφίαν, εἰ μὴ μάτην ἐν τῷ Ἑλικῶνι κάθησαι
ταῖς Μούσαις συμφιλοσοφῶν.

ἀγένειος, -ον: beardless
αἰδέομαι: to be ashamed to do
ἄλλως: in another way or manner
Ἀσκληπιός, ὁ: Asclepius
βαθυπώγων, -ονος, ὁ: a long-bearded person
βουλή, ἡ: council of elders
δημηγορέω: to speak in the assembly
δοκέω: to seem good
ἐκφαίνω: to show forth
Ἑλικών, -ονος, ὁ: Mt. Helicon, the seat of the Muses
εὐγένειος, -ον: well-maned, well-bearded

θαρρέω: to be of good courage
κάθημαι: to be seated
ληξιαρχικόν, τό: the official register of an Athenian deme
μάτην: in vain, idly, fruitlessly
μειρακιεύομαι: to play the boy
Μοῦσα, -ης, ἡ: the Muse
ὀλίγος, -η, -ον: little, small
πρέπον, τό: the proper thing
σοφία, ἡ: skill
συμφιλοσοφέω: to join in philosophic study
υἱός, ὁ: a son

ὀλίγου δεῖν: "it lacks a little" i.e. almost
ἐπὶ Κρόνου: "of the council *from the time of Cronos*, the generation of gods before Zeus
μὴ μειρακιεύου: pres. imper. in prohibition, "don't play the boy!"
τὰ δοκοῦντα: pres. part. acc., "speak *the things seeming good*"
αἰδεσθείς: aor. part., "you, *being ashamed* not at all"
εἰ ... δημηγορήσεις: fut. in future most vivid protasis, "if you shall speak publically"
ταῦτα: neut. pl. acc. of respect, "(don't be ashamed) *about these things*"
Ἀσκληπιόν: while Apollo is portrayed as always youthful, his son Asclepius is always portrayed as an old man
ἄλλως τε καί: "otherwise and also" i.e. especially, indicating a climax
ἂν εἴη: pres. opt. in future less vivid apodosis., "it would be proper"
ἐκφαίνειν: pres. inf. epexegetic after πρέπον, "proper *to show forth*"
εἰ μή ... κάθησαι: perf. in simple protasis, "*unless you are seated* in vain"

ΑΠΟΛΛΩΝ:

Ἀλλ' οὐ σέ, ὦ Μῶμε, χρὴ τὰ τοιαῦτα ἐφιέναι, τὸν Δία δέ: καὶ ἢν οὗτος κελεύσῃ, τάχ' ἄν τι οὐκ ἄμουσον εἴποιμι ἀλλὰ τῆς ἐν τῷ Ἑλικῶνι μελέτης ἄξιον.

ΖΕΥΣ:

Λέγε, ὦ τέκνον: ἐφίημι γάρ.

ΑΠΟΛΛΩΝ:

Ὁ Τιμοκλῆς οὗτος ἔστι μὲν χρηστὸς ἀνὴρ καὶ φιλόθεος καὶ τοὺς λόγους πάνυ ἠκρίβωκε τοὺς Στωικούς: ὥστε καὶ σύνεστιν ἐπὶ σοφίᾳ πολλοῖς τῶν νέων καὶ μισθοὺς οὐκ ὀλίγους ἐπὶ τούτῳ ἐκλέγει, σφόδρα πιθανὸς ὢν ὁπότε ἰδίᾳ τοῖς μαθηταῖς διαλέγοιτο: ἐν πλήθει δὲ εἰπεῖν ἀτολμότατός

ἀκριβόω: to make careful inquiry
ἄμουσος, -ον: without the Muses, inelegant
ἄξιος, -α, -ον: worthy of (+ *gen.*)
ἄτολμος, -ον: spiritless, cowardly
διαλέγω: to speak with (+ *dat.*)
εἶπον: to speak, say (*aor.*)
ἐκλέγω: to pick out, pluck
ἐφίημι: to give permission
ἰδίᾳ: in private
κελεύω: to command
μαθητής, -οῦ, ὁ: a learner, pupil
μελέτη, ἡ: care, attention
μισθός, ὁ: wages, pay, hire

νέος, -η, -ον: young
ὁπότε: when
πιθανός, -ή, -όν: persuasive
πλῆθος, -εος, τό: a crowd, multitude
σοφία, ἡ: skill
Στωικός, -η, -ον: Stoic
σύνειμι: to be with, have dealings with (+ *dat.*)
σφόδρα: very
τάχα: quickly
τέκνον, τό: a child
φιλόθεος, -ον: loving God, pious
χρή: it is necessary
χρηστός, -ή, -όν: useful, good

σέ ... τὸν Δία: acc. subjects of **ἐφιέναι**, "not *for you* ... but rather *for Zeus*"
ἐφιέναι: pres. inf. after **χρή**, "necessary *to give permission*"
ἢν ... κελεύσῃ: aor. subj. in future more vivid protasis, "if he commands"
εἴποιμι: aor. opt. in future less vivid apodosis, "then I might say"
ἠκρίβωκε: perf., "he has inquired accurately" i.e. he fully understands
ἐπὶ σοφίᾳ: "for the purpose of wisdom"
τῶν νέων: gen. partitive, "with many *of the young men*"
ὁπότε ... διαλέγοιτο: pres. opt. in general temporal clause (where the subjunctive would be expected), "whenever he is speaking with" + dat.
εἰπεῖν: aor. inf. epexegetic after **ἀτολμότατός**, "most cowardly *at speaking*"

ἔστι καὶ τὴν φωνὴν ἰδιώτης καὶ μιξοβάρβαρος, ὥστε γέλωτα ὀφλισκάνειν διὰ τοῦτο ἐν ταῖς συνουσίαις, οὐ συνείρων ἀλλὰ βατταρίζων καὶ ταραττόμενος, καὶ μάλιστα ὁπόταν οὕτως ἔχων καὶ καλλιρρημοσύνην ἐπιδείκνυσθαι βούληται.

συνεῖναι μὲν γὰρ εἰς ὑπερβολὴν ὀξύς ἐστι καὶ λεπτογνώμων, ὥς φασιν οἱ ἄμεινον τὰ τῶν Στωϊκῶν εἰδότες, λέγων δὲ καὶ ἑρμηνεύων ὑπ' ἀσθενείας διαφθείρει αὐτὰ καὶ συγχεῖ, οὐκ ἀποσαφῶν ὅ τι βούλεται ἀλλὰ αἰνίγμασιν ἐοικότα προτείνων καὶ πάλιν αὖ πολὺ ἀσαφέστερα πρὸς τὰς

αἴνιγμα, -ατος, τό: a dark saying, riddle
ἀμείνων, -ον: better, abler
ἀποσαφέω: to make clear
ἀσαφής, -ές: unclear
ἀσθένεια, ἡ: want of strength, weakness
αὖ: again, anew, afresh, once more
βατταρίζω: to stutter
βούλομαι: to will, wish
γέλως, -ωτος, ὁ: laughter
διαφθείρω: to destroy utterly
ἔοικα: to seem good (*perf.*)
ἐπιδείκνυμι: to display
ἑρμηνεύω: to interpret
ἰδιώτης, -ου, ὁ: a commoner, a vulgar man

καλλιρρημοσύνη, ἡ: elegance of language
λεπτογνώμων, -ον: subtle in mind
μιξοβάρβαρος, -ον: half barbarian
ὀξύς, -εῖα, -ύ: sharp, keen
ὀφλισκάνω: to incur
πάλιν: back, again
προτείνω: to hold before, set forth
συγχέω: to confound
συνείρω: to string together
συνίημι: to bring together, understand
συνουσία, ἡ: a conversation
ταράττω: to trouble
ὑπερβολή, ἡ: an excess
φωνή, ἡ: a sound, tone

τὴν φωνὴν: acc. of respect, "he is vulgar *in voice*"
ὥστε ... ὀφλισκάνειν: inf. in result clause, "*and so he is incurs* laughter"
ὁπόταν ... βούληται: pres. subj. in general temporal clause, "especially *whenever he wishes*" + inf.
οὕτως ἔχων: pres. part. concessive, "he *despite being thus*" i.e. being vulgar
συνεῖναι: aor. inf. of συν-ίημι epexegetica after ὀξύς, "he is sharp *at understanding*"
εἰς ὑπερβολὴν: "extremely"
οἱ ... εἰδότες: perf. part. attributive, "those who know"
ἄμεινον: adverbial acc., "know *better*"
λέγων δὲ: pres. part., "but in speaking" i.e. as opposed to understanding (συνεῖναι μὲν)
ὑπ' ἀσθενείας: the agency expression, "because of his weakness"
ἐοικότα: perf. part. neut. pl. acc., "setting forth (arguments) *that are like* riddles"
ἀσαφέστερα: also neut. pl. acc., "answering even *more unclear* (arguments)"

ἐρωτήσεις ἀποκρινόμενος· οἱ δὲ οὐ συνιέντες καταγελῶσιν αὐτοῦ. δεῖ δὲ οἶμαι σαφῶς λέγειν καὶ τούτου μάλιστα πολλὴν ποιεῖσθαι τὴν πρόνοιαν, ὡς συνήσουσιν οἱ ἀκούοντες.

ΜΩΜΟΣ:

Τοῦτο μὲν ὀρθῶς ἔλεξας, ὦ Ἄπολλον, ἐπαινέσας τοὺς σαφῶς λέγοντας, εἰ καὶ μὴ πάνυ ποιεῖς αὐτὸ σὺ ἐν τοῖς χρησμοῖς λοξὸς ὢν καὶ γριφώδης καὶ ἐς τὸ μεταίχμιον ἀσφαλῶς ἀπορρίπτων τὰ πολλά, ὡς τοὺς ἀκούοντας ἄλλου δεῖσθαι Πυθίου πρὸς τὴν ἐξήγησιν αὐτῶν. ἀτὰρ τί τὸ ἐπὶ τούτῳ συμβουλεύεις; τίνα ἴασιν ποιήσασθαι τῆς Τιμοκλέους ἀδυναμίας ἐν τοῖς λόγοις;

ἀδυναμία, ἡ: inability, incapacity
ἀποκρίνομαι: to answer
ἀπορρίπτω: to throw away, put away
ἀσφαλῶς: steadfastly, firmly
ἀτάρ: but, yet
γριφώδης, -ες: like a riddle
δέομαι: to have need of (+ *gen.*)
ἐξήγησις, -εως, ἡ: an explanation
ἐπαινέω: to approve, praise
ἐρώτησις, -εως, ἡ: a questioning
ἴασις, -εως, ἡ: cure, remedy for (+ *gen.*)

καταγελάω: to laugh at (+ *gen.*)
λοξός, -ή, -όν: slanting, oblique
μεταίχμιον, τό: land between two armies, debatable territory
ὀρθῶς: correctly, rightly
πρόνοια, ἡ: foresight, care for (+ *gen.*)
Πύθιος, -α, -ον: Pythian, of Apollo
σαφῶς: clearly
συμβουλεύω: to advise, counsel
συνίημι: to understand
χρησμός, ὁ: oracular response, oracle

τούτου: gen. after πρόνοιαν, "make care *for this*"
ὡς συνήσουσιν: appositional clause explaining τούτου, "this, namely, *that they understand*"
ἔλεξας: weak aor. of λέγω, "*you spoke* rightly"
ἐπαινέσας: part. aor., "you, *having praised*"
αὐτὸ: "you do not do *it*" i.e. speak clearly
ἐς τὸ μεταίχμιον: "into the debatable territory" i.e. into ambiguity, for which Apollos oracles were famous
τὰ πολλά: "most of them"
ὡς ... δεῖσθαι: pres. inf. in result clause, "so that they have need of" + gen.
ποιήσασθαι: aor. inf. mid. after συμβουλεύεις, "what remedy do you advise us *to do?*"

ΑΠΟΛΛΩΝ:

Συνήγορον, ὦ Μῶμε, εἴ πως δυνηθείημεν, αὐτῷ παρασχεῖν ἄλλον τῶν δεινῶν τούτων, ἐροῦντα κατ' ἀξίαν ἅπερ ἂν ἐκεῖνος ἐνθυμηθεὶς ὑποβάλῃ.

ΜΩΜΟΣ:

Ἀγένειον τοῦτο ὡς ἀληθῶς εἴρηκας, ἔτι παιδαγωγοῦ τινος δεόμενον, συνήγορον ἐν συνουσίᾳ φιλοσόφων παραστήσασθαι ἑρμηνεύσοντα πρὸς τοὺς παρόντας ἅπερ ἂν δοκῇ Τιμοκλεῖ, καὶ τὸν μὲν Δᾶμιν αὐτοπρόσωπον καὶ δι' αὐτοῦ λέγειν, τὸν δὲ ὑποκριτῇ προσχρώμενον ἰδίᾳ πρὸς τὸ

ἀγένειος, -ον: beardless, puerile
ἀξία, ἡ: worth, value
αὐτοπρόσωπος, -ον: in one's own person
δεινός, -ή, -όν: fearful, terrible, dread, dire
δύναμαι: to be able
ἐνθυμέομαι: to consider well, ponder
ἐρέω: to say or speak (*fut.*)
ἑρμηνεύω: to interpret
ἰδίᾳ: privately
παιδαγωγός, ὁ: a boy-ward, teacher

πάρειμι: to be present
παρέχω: to provide X (*acc.*) to Y (*dat.*)
παρίστημι: to place beside
προσχράομαι: to use (+ *dat.*)
πως: in any way, somehow
συνήγορος, ὁ: an advocate, spokesman
συνουσία, ἡ: conversation
ὑποβάλλω: to throw under, suggest
ὑποκριτής, -οῦ, ὁ: an interpreter, actor

εἴ πως δυνηθείημεν: aor. pass. opt. in future less vivid protasis, "if somehow we would be able to" + inf.
παρασχεῖν: aor. inf. after δυνηθείημεν, "able to provide"
τῶν δεινῶν τούτων: gen. partitive, "another *of those clever ones*"
ἐροῦντα: fut. part. acc. s., expressing purpose, "in order to speak"
κατ' ἀξίαν: "in a worthy fashion"
ἅπερ ἂν ... ὑποβάλῃ: aor. subj. in general relative clause, "whatever he suggests"
ἐνθυμηθείς: aor. part. pass., "he, *having pondered*"
ἀγένειον τοῦτο: acc. obj. of εἴρηκας, "spoken *this puerile thing*"
εἴρηκας: perf. of ἐρέω: "you have spoken"
παραστήσασθαι: aor. inf. transitive in ind. st. implied after εἴρηκας, "namely, *that we establish* an advocate"
ἑρμηνεύσοντα: fut. part. acc. expressing purpose, "in order that he interpret"
ἅπερ ἂν δοκῇ: pres. subj. in general relative clause, "whatever seems good to" + dat.
τὸν μὲν Δᾶμιν ... λέγειν: pres. inf. also in ind. st., "and that while Damis speaks"
δι' αὐτοῦ (= ἑαυτοῦ): "through himself" i.e. without an interpreter
τὸν δὲ προσχρώμενον: pres. part., "and that the other one using" + dat.

οὖς ἐκείνῳ ὑποβάλλειν τὰ δοκοῦντα, τὸν ὑποκριτὴν δὲ ῥητορεύειν, οὐδ' αὐτὸν ἴσως συνιέντα ὅ τι ἀκούσειε.

ταῦτα πῶς οὐ γέλως ἂν εἴη τῷ πλήθει; ἀλλὰ τοῦτο μὲν ἄλλως ἐπινοήσωμεν. σὺ δέ, ὦ θαυμάσιε -- φῂς γὰρ καὶ μάντις εἶναι καὶ μισθοὺς οὐκ ὀλίγους ἐπὶ τῷ τοιούτῳ ἐξέλεξας ἄχρι τοῦ καὶ πλίνθους χρυσᾶς ποτε εἰληφέναι -- τί οὐκ ἐπεδείξω ἡμῖν κατὰ καιρὸν τὴν τέχνην προειπὼν ὁπότερος τῶν σοφιστῶν κρατήσει λέγων; οἶσθα γάρ που τὸ ἀποβησόμενον μάντις ὤν.

ἀποβαίνω: to step off, happen
ἄχρι: up to (+ *gen.*)
γέλως, γέλωτος, ὁ: laughter
ἐπιδείκνυμι: to show, demonstrate
θαυμάσιος, -ον: wonderful,
καιρός, ὁ: due measure, proportion
κρατέω: to be strong, prevail
μάντις, -εως, ὁ: a seer, prophet
μισθός, ὁ: pay
ὀλίγος, -η, -ον: few, small
ὁπότερος, -α, -ον: which of two

οὖς, ὠτός, τό: the ear
πλῆθος, -εος, τό: a crowd, multitude
πλίνθον, -ους, ἡ: a brick
προεῖπον: to predict (*aor.*)
ῥητορεύω: to speak in public
σοφιστής, -οῦ, ὁ: a sophist
συνίημι: to understand
συνίημι: to understand
τέχνη, ἡ: art, skill
ὑποβάλλω: to suggest, whisper X (*acc.*) to Y (*dat.*)
χρύσεος, -ῆ, -οῦν: golden, of gold

ὑποβάλλειν: pres. inf. also in ind. st., "that the other one (Timocles) *whispers*"
τὰ δοκοῦντα: pres. part. attributive, acc. neut. pl., "whispers *what he thinks*"
τὸν ὑποκριτὴν δὲ ῥητορεύειν: pres. inf. also in ind. st., "and that the interpreter speaks"
ὅ τι ἀκούσειε: aor. opt. in geneal relative clause (where the subj. would be expected), "what (ever) he hears"
εἴη: pres. opt. pot., "how could that not be?"
ἐπινοήσωμεν: aor. subj. hortatory, "let us contrive"
μάντις εἶναι: ind. st. after φῂς where the subject is the same, "you say *that you are a seer*"
ἐξέλεξας: aor. of ἐκ-λέγω, "*you took* pay"
ἄχρι τοῦ ... εἰληφέναι: perf. inf. pass. of λαμβάνω articular, "up to the point of having received" i.e. having been paid
τί οὐκ ἐπεδείξω: aor. subj. in rhetorical quest. expressing irony, "why don't you show?"
κατὰ καιρὸν: "timely"
προειπὼν: aor. part. instrumental, "by predicting"
ὁπότερος ... κρατήσει: fut. in ind. quest., "which will prevail"
τὸ ἀποβησόμενον: fut. part. attributive, "the about to happen" i.e. the future

ΑΠΟΛΛΩΝ:

Πῶς, ὦ Μῶμε, δυνατὸν ποιεῖν ταῦτα μήτε τρίποδος ἡμῖν παρόντος μήτε θυμιαμάτων ἢ πηγῆς μαντικῆς οἵα ἡ Κασταλία ἐστίν;

ΜΩΜΟΣ:

Ὁρᾷς; ἀποδιδράσκεις τὸν ἔλεγχον ἐν στενῷ ἐχόμενος.

ΖΕΥΣ:

Ὅμως, ὦ τέκνον, εἰπὲ καὶ μὴ παράσχῃς τῷ συκοφάντῃ τούτῳ ἀφορμὰς διαβάλλειν καὶ χλευάζειν τὰ σὰ ὡς ἐπὶ τρίποδι καὶ ὕδατι καὶ λιβανωτῷ κείμενα, ὡς, εἰ μὴ ἔχοις ταῦτα, στερησόμενόν σε τῆς τέχνης.

ἀποδιδράσκω: to escape
ἀφορμή, ἡ: a starting-point
διαβάλλω: to slander
δυνατός, -ή, -όν: able, possible (+ *inf.*)
ἔλεγχος, ὁ: a scrutiny, argument
θυμίαμα, -ατος, τό: incense
Κασταλία, ἡ: the spring of the Muses on Mt. Parnassus
κεῖμαι: to be laid, to be dependent on
λιβανωτός, ὁ: frankincense
μαντικός, -ή, -όν: oracular
οἷος, -α, -ον: such as

ὁμῶς: equally, nevertheless
πάρειμι: to be present
παρέχω: to provide X (*acc.*) to Y (*dat.*)
πηγή, ἡ: running waters, stream
στενός, -ή, -όν: narrow, difficult
στερέω: to deprive X (*acc.*) of Y (*gen.*)
συκοφάντης, -ου, ὁ: a false accuser, slanderer
τέκνον, τό: a child
τρίπους, -ποδος, ὁ: a tripod
ὕδωρ, ὕδατος, τό: water
χλευάζω: to scoff, jeer at

ποιεῖν: pres. inf. after δυνατὸν, "possible *to do*"
παρόντος: pres. part. in gen. abs., "no tripod *being present*"
οἵα: nom. fem. referring to πηγῆς, "a spring *such as* Kastalia"
ἐχόμενος: pres. part. mid., "holding yourself back" i.e. declining to engage
μὴ παράσχῃς: aor. subj. in prohibition, "don't provide!"
διαβάλλειν: pres. inf. after ἀφορμὰς, "starting points *to slander*"
τὰ σὰ: neut. acc. pl.,"to jeer at *your affairs*"
ὡς ... κείμενα: pres. part. with ὡς indicating an alleged cause, "because they are, so he says, dependent on"
ὡς ... στερησόμενόν: fut. part. indicating purpose, "so that he can deprive you of" + gen.
εἰ μὴ ἔχοις: pres. opt. in future less vivid protasis, "*unless you have* these things"

ΑΠΟΛΛΩΝ:

Ἄμεινον μὲν ἦν, ὦ πάτερ, ἐν Δελφοῖς ἢ Κολοφῶνι τὰ τοιαῦτα ποιεῖν, ἁπάντων μοι τῶν χρησίμων παρόντων, ὡς ἔθος. ὅμως δὲ καὶ οὕτω γυμνὸς ἐκείνων καὶ ἄσκευος πειράσομαι προειπεῖν ὁποτέρου τὸ κράτος ἔσται· ἀνέξεσθε δέ, εἰ μὴ ἔμμετρα λέγοιμι.

ΜΩΜΟΣ:

Λέγε μόνον, σαφῆ δέ, ὦ Ἄπολλον, καὶ οὐ συνηγόρου καὶ αὐτὰ ἢ ἑρμηνέως δεόμενα· καὶ γὰρ οὐκ ἄρνεια κρέα καὶ χελώνη νῦν ἐν Λυδίᾳ συνέψεται· ἀλλὰ οἶσθα περὶ ὅτου ἡ σκέψις.

ἀνέχω: to hold up
ἄρνειος, -α, -ον: of a lamb or sheep
ἄσκευος, -ον: unfurnished, unprepared
γυμνός, -ή, -όν: naked of (+ gen.)
Δελφοί, -ῶν, οἱ: Delphi, Apollo's most famous oracle
ἔθος, -εος, τό: custom, habit
ἔμμετρος, -ον: in measure, metrical
Κολοφῶν, -ῶνος, ὁ: Colophon, a city in Asia Minor
κρέας, τό: flesh, meat, a piece of meat
Λυδία, ἡ: Lydia, where Croesus was king
μόνος, -η, -ον: alone, left alone
πατήρ, ὁ: a father
πειράω: to attempt to (+ inf.)
προεῖπον: to predict (aor.)
σαφής, -ές: clear, plain
σκέψις, -εως, ἡ: an examination, inquiry
συνέπομαι: to follow along with, accompany
χελώνη, ἡ: a tortoise
χρήσιμος, -η, -ον: useful, serviceable

ἦν: impf. in present contrafactual (without ἄν), "*it would be* better"
ποιεῖν: pres. inf. epexegetic after ἄμεινον, "better *to do*"
παρόντων: pres. part. conditional in gen. abs., "if useful things *were present*"
ἐκείνων: gen. of separation after γυμνὸς, "naked *of those things*"
ὁποτέρου: gen. relative, "*whose* power"
ἀνέξεσθε: fut. of ἀνα-έχω, "you will hold up" i.e. you will bear with me
εἰ μὴ ... λέγοιμι: pres. opt. in future less vivid protasis, "if I should not speak"
ἔμμετρα: oracles were typically delivered in dactylic hexameter
σαφῆ: neut. pl. acc., "speak *clear things*"
δεόμενα: pres. part. agreeing with σαφῆ, "speak things *not needing*" + gen.
οὐκ ἄρνεια κρέα ... ἐν Λυδίᾳ: in his *Histories* 1.47-8 Herodotus records Croesus' test of the oracles, having messengers ask what he was doing at a moment when he was cooking tortoise and lamb meat together.
συνέψεται: fut. s. where the plural would be expected, "lamb and tortoise *do not keep company*"

ΖΕΥΣ:

Τί ποτε ἐρεῖς, ὦ τέκνον; ὡς τά γε πρὸ τοῦ χρησμοῦ ταῦτα ἤδη φοβερά: ἡ χρόα τετραμμένη, οἱ ὀφθαλμοὶ περιφερεῖς, κόμη ἀνασοβουμένη, κίνημα κορυβαντῶδες, καὶ ὅλως κατόχιμα πάντα καὶ φρικώδη καὶ μυστικά.

ΑΠΟΛΛΩΝ:

Κέκλυτε μαντιπόλου τόδε θέσφατον Ἀπόλλωνος
ἀμφ' ἔριδος κρυερῆς, τὴν ἀνέρες ἐστήσαντο
ὀξυβόαι, μύθοισι κορυσσόμενοι πυκινοῖσι.
πολλὰ γὰρ ἔνθα καὶ ἔνθα μόθου ἑτεραλκέϊ κλωγμῷ

ἀνασοβέω: to make to start up with fear
ἐρέω: to say or speak (*fut.*)
ἔρις, ἔριδος, ἡ: strife, quarrel
ἑτεραλκής, -ές: inclining to the other side, doubtful (battle)
θέσφατος, -ον: spoken by God
ἵστημι: to make to stand
κατόχιμος, -η, -ον: held in possession
κίνημα, -ατος, τό: a motion
κλύω: to hear
κλωγμός, ὁ: a clucking sound by which Greeks expressed disapproval
κόμη, ἡ: the hair
Κορυβαντώδης, -ες: Corybant-like, frantic
κορύσσω: to furnish with a helmet, arm

κρυερός, -ά, -όν: icy, chilling
μαντίπολος, -ον: frenzied, inspired
μόθος, ὁ: battle, battle-din
μῦθος, ὁ: word, speech
μυστικός, -ή, -όν: mystic
ὀξυβόας, -ου, ὁ: shrill-screaming
ὀφθαλμός, ὁ: the eye
περιφερής, -ές: moving round
πυκινός, -η, ον: close, compact
τρέπω: to turn, change
φοβερός, -ά, -όν: fearful
φρικώδης, -ες: that causes shuddering, horrible
χρησμός, ὁ: oracle
χροά, ἡ: color of the skin

τά γε ... ταῦτα: "these very things" explained in the next clause
φοβερά: nom. pred., "are *fearful*"
τετραμμένη: perf. part. of τρέπω, "your color *having changed*"
κέκλυτε: perf. imper., "listen!" This speech of Apollo is in dactylic hexameters and has many Homeric forms.
τήν: Homeric relative pronoun,"*which* men established"
ἐστήσαντο: aor. transitive, "men *established*"
μύθοισι ... πυκινοῖσι: Homeric dat. pl., "arming *with thick words*"
πολλὰ: acc. adverbial, "many times"
ἔνθα καὶ ἔνθα: "here and there" a common Homeric expression
μόθου ... ταρφέος: gen., "clucking *of the thick battle-din*"
ἑτεραλκέϊ κλωγμῷ: dat., "in the doubtful clucking," perhaps referring in military terms to the shifting of the victory in debate indicated by the audience reaction

ταρφέος ἄκρα κόρυμβα καταπλήσσουσιν ἐχέτλης.
ἀλλ' ὅταν αἰγυπιὸς γαμψώνυχος ἀκρίδα μάρψῃ,
δὴ τότε λοίσθιον ὀμβροφόροι κλάγξουσι κορῶναι.
νίκη δ' ἡμιόνων, ὁ δ' ὄνος θοὰ τέκνα κορύψει.

ΖΕΥΣ:

Τί τοῦτο ἀνεκάγχασας, ὦ Μῶμε; καὶ μὴν οὐ γελοῖα τὰ ἐν ποσί· παῦσαι κακόδαιμον, ἀποπνιγήσῃ ὑπὸ τοῦ γέλωτος.

ΜΩΜΟΣ:

Καὶ πῶς δυνατόν, ὦ Ζεῦ, ἐφ' οὕτω σαφεῖ καὶ προδήλῳ τῷ χρησμῷ;

αἰγυπιός, ὁ: a vulture
ἀκρίς, ἀκρίδος, ἡ: a locust
ἄκρος, -α, -ον: highest
ἀνακαγχάζω: to burst out laughing
ἀποπνίγω: to choke, throttle
γαμψῶνυξ, -υχος, ὁ: with crooked talons
γέλοιος, -α, -ον: laughable
γέλως, γέλωτος, ὁ: laughter
δυνατός, -ή, -όν: strong, possible
ἐχέτλη, ἡ: a plough-handle
ἡμίονος, ἡ: a half-ass, mule
θοός, -ή, -όν: swift
κακοδαίμων, -ον: cursed, miserable
καταπλήσσω: to strike down
κλάζω: to make a sharp piercing sound, caw
κόρυμβος, τό: uppermost point
κορύπτω: to butt with the head
κορώνη, ἡ: sea-crow
λοίσθιος, -α, -ον: last
μάρπτω: to catch, lay hold of, seize
νίκη, ἡ: victory in battle
ὀμβροφόρος, -ον: rain-bringing
ὄνος, ὁ: an ass
παύω: to make to cease
πούς, ποδός, ὁ: a foot
πρόδηλος, -ον: clear
σαφής, -ές: clear, plain, distinct, manifest
ταρφύς, -εῖα, -ύ: thick, close
τότε: at that time, then
χρησμός, ὁ: an oracular response

ἄκρα κόρυμβα: acc. obj. of καταπλήσσουσιν, "they strike *the high points* of the plough-handle" the phrase occurs in *Iliad* 9.241 referring to the sterns of ships

ὅταν ... μάρψῃ: aor. subj. in general temporal clause, "when(ever) he seizes:

λοίσθιον: acc. adverbial, "for the last time"

κλάγξουσι: fut., "they will caw"

ἡμιόνων: gen. subjective, "victory will be *for the mules*"

τὰ ἐν ποσί: "the things at our feet" i.e. the present situation

παῦσαι: aor. imper., "stop!"

ἀποπνιγήσῃ: fut. pass., "you will be choked"

ΖΕΥΣ:

Οὐκοῦν καὶ ἡμῖν ἤδη ἑρμηνεύοις ἂν αὐτὸν ὅ τι καὶ λέγει.

ΜΩΜΟΣ:

Πάνυ πρόδηλα, ὥστε οὐδὲν ἡμῖν Θεμιστοκλέους δεήσει· φησὶ γὰρ τὸ λόγιον οὑτωσὶ διαρρήδην γόητα μὲν εἶναι τοῦτον, ὑμᾶς δὲ ὄνους κανθηλίους νὴ Δία καὶ ἡμιόνους, τοὺς πιστεύοντας αὐτῷ, οὐδ' ὅσον αἱ ἀκρίδες τὸν νοῦν ἔχοντας.

ΗΡΑΚΛΗΣ:

Ἐγὼ δέ, ὦ πάτερ, εἰ καὶ μέτοικός εἰμι, οὐκ ὀκνήσω ὅμως τὰ δοκοῦντά μοι εἰπεῖν·

ἀκρίς, ἀκρίδος, ἡ: a locust
γόης, -ητος, ὁ: a sorcerer, enchanter
διαρρήδην: expressly, distinctly
ἑρμηνεύω: to interpret
κανθήλιος, ὁ: a very large ass
λόγιον, τό: an oracle, pronouncement

μέτοικος, ὁ: a metic, an alien resident in Athens
ὀκνέω: to shrink from (+ *inf.*)
οὐκοῦν: therefore, then, accordingly
πατήρ, ὁ: a father
πιστεύω: to trust, believe in

ἑρμηνεύοις: pres. opt. pot., "would you like to interpret?"
δεήσει: fut., "there will be no need of" + gen.
Θεμιστοκλέους: Themistocles was the Athenian general who properly interpreted the obscure oracle about the "wooden wall" to refer to ships in Herodotus 7.143
γόητα μὲν: acc. pred. after εἶναι in ind. st., "says that while this one is *a sorcerer*"
ὑμᾶς δὲ: acc. subj. in ind. st., "that you, on the other hand"
τοὺς πιστεύοντας ... ἔχοντας: pres. part. attributive in apposition to ὑμᾶς, "you *who believe in* him ... *who have*"
οὐδ' ὅσον ... τὸν νοῦν: "having *not even as much sense as*"
τὰ δοκοῦντά: pres. part. acc. attributive, "to speak *what seems right* to me"

ὁπόταν γὰρ ἤδη συνελθόντες διαλέγωνται, τηνικαῦτα, ἢν μὲν ὁ Τιμοκλῆς ὑπέρσχῃ, ἐάσωμεν προχωρεῖν τὴν συνουσίαν ὑπὲρ ἡμῶν, ἢν δέ τι ἑτεροῖον ἀποβαίνῃ, τότε ἤδη τὴν στοὰν αὐτὴν ἔγωγε, εἰ δοκεῖ, διασείσας ἐμβαλῶ τῷ Δάμιδι, ὡς μὴ κατάρατος ὢν ὑβρίζῃ ἐς ἡμᾶς.

ΖΕΥΣ:

Ἡράκλεις, ὦ Ἡράκλεις, ἄγροικον τοῦτο εἴρηκας καὶ δεινῶς Βοιώτιον, συναπολέσαι ἑνὶ πονηρῷ τοσούτους χρηστούς, καὶ προσέτι τὴν στοὰν αὐτῷ Μαραθῶνι καὶ Μιλτιάδῃ

ἄγροικος, -ον: rustic
ἀποβαίνω: to step off from, happen
Βοιώτιος, -α, -ον: from Boeotia
δεινῶς: fearfully, terribly
διαλέγομαι: to discuss, dispute
διασείω: to shake violently
ἐάω: to allow (+ *inf.*)
εἷς, μία, ἕν: one
ἐμβάλλω: to throw on (+ *dat.*)
ἐρέω: to say or speak (*fut.*)
ἑτεροῖος, -α, -ον: of a different kind
κατάρατος, -ον: accursed, abominable
Μαραθών, -ῶνος, ὁ: Marathon

πονηρός, -ά, -όν: toilsome, wicked
προσέτι: over and above, besides
προχωρέω: to go forward, advance
στοά, -ᾶς, ἡ: a roofed colonnade, stoa
συναπόλλυμι: to destroy X (*acc.*) together with Y (*dat.*)
συνῆλθον: to come together (*aor.*)
συνουσία, ἡ: a conversation
τηνικαῦτα: at that time, then
τοσοῦτος, -αύτη, -οῦτο: so many
ὑβρίζω: to outrage
ὑπερέχω: to be prominent, excel
χρηστός, -ή, -όν: useful

ὁπόταν ... διαλέγωνται: pres. subj. in general temporal clause, "when(ever) they are disputing"
συνελθόντες: aor. part., "they *having come together*"
ἢν μὲν ... ὑπέρσχῃ: aor. subj. in future more vivid protasis, "while if he excels"
ἐάσωμεν: aor. subj. hortatory in future more vivid apodosis, "let us allow" + inf.
ἢν δέ ... ἀποβαίνῃ: pres. subj. in future more vivid protasis, "if something else happens"
διασείσας: aor. part., "I *having shaken*"
ἐμβαλῶ: fut. in future more vivid apodosis, "then I will throw it down on" + dat.
ὡς μὴ ... ὑβρίζῃ: pres. subj. in purpose clause, "*so he won't outrage* us"
Ἡράκλεις, ὦ Ἡράκλεις: Zeus swears by and addresses Heracles
συναπολέσαι: fut. of συν-ἀπόλλυμι, "*you will destroy together with* one wicked person"
αὐτῷ Μαραθῶνι: "destroy the stoa *Marathon and all*"
Μιλτιάδῃ καὶ Κυνεγείρῳ: The "painted Stoa" depicted the Battle of Marathon, where Miltiades and Cynegirus were heroes; see Herodotus, *Histories* 6, 114.

καὶ Κυνεγείρῳ. καὶ πῶς ἂν τούτων συνεμπεσόντων οἱ ῥήτορες ἔτι ῥητορεύοιεν, τὴν μεγίστην εἰς τοὺς λόγους ὑπόθεσιν ἀφῃρημένοι; ἄλλως τε ζῶντι μέν σοι δυνατὸν ἴσως ἦν τι πρᾶξαι τοιοῦτον, ἀφ' οὗ δὲ θεὸς γεγένησαι, μεμάθηκας, οἶμαι, ὡς αἱ Μοῖραι μόναι τὰ τοιαῦτα δύνανται, ἡμεῖς δὲ αὐτῶν ἄμοιροί ἐσμεν.

ΗΡΑΚΛΗΣ:

Οὐκοῦν καὶ ὁπότε τὸν λέοντα ἢ τὴν ὕδραν ἐφόνευον, αἱ Μοῖραι δι' ἐμοῦ ἐκεῖνα ἔπραττον;

ΖΕΥΣ:

Καὶ μάλα.

ἄλλως: in another way
ἄμοιρος, -ον: without share in (+ gen.)
ἀφαιρέω: to take from, take away from
δύναμαι: to be able to (+ inf.)
δυνατός, -ή, -όν: able, possible
ζάω: to live
Κυνέγειρος, ὁ: Cynegirus, Athenian general
λέων, -οντος, ὁ: a lion
μανθάνω: to learn

Μοῖραι, αἱ: the Fates
μόνος, -η, -ον: alone, left alone
πράττω: to do
ῥητορεύω: to speak in public
ῥήτωρ, -ορος, ὁ: a public speaker, politician
συνεμπίπτω: to fall in together, collapse
ὕδρα, ἡ: a hydra, water-serpent
ὑπόθεσις, -εως, ἡ: a foundation, hypothesis
φονεύω: to murder, kill, slay

πῶς ἂν ... ῥητορεύοιεν: aor. opt. pot., "how would they speak publically?"
συνεμπεσόντων: aor. part. of συν-εν-πίπτω: these *having collapsed"*
ὑπόθεσιν: suggesting that the orators pointed to the pictures during their speeches
ἀφῃρημένοι: perf. part. pass. of ἀπο-αιρέω, "they, *having lost"*
ζῶντι μέν: pres. part. dat. agreeing with σοι, "while possible to you *still living"*
πρᾶξαι: aor. inf. epexegetic after δυνατὸν, "possible *to do"*
ἀφ' οὗ δὲ (sc. χρόνου): "*but from the (time)* you became"
γεγένησαι: perf., "you have become"
μεμάθηκας: perf., "you have learned" i.e. you know
δύνανται (sc. πρᾶξαι): "are able (to do)"
τὸν λέοντα ἢ τὴν ὕδραν: two famous labors of Heracles

ΗΡΑΚΛΗΣ:

Καὶ νῦν ἤν τις ὑβρίζῃ εἰς ἐμὲ ἢ περισυλῶν μου τὸν νεὼν ἢ ἀνατρέπων τὸ ἄγαλμα, ἢν μὴ ταῖς Μοίραις πάλαι δεδογμένον ᾖ, οὐκ ἐπιτρίψω αὐτόν;

ΖΕΥΣ:

Οὐδαμῶς.

ΗΡΑΚΛΗΣ:

Οὐκοῦν ἄκουσον, ὦ Ζεῦ, μετὰ παρρησίας· ἐγὼ γάρ, ὡς ὁ κωμικὸς ἔφη,

ἄγροικός εἰμι τὴν σκάφην σκάφην λέγων·

εἰ τοιαῦτά ἐστι τὰ ὑμέτερα, μακρὰ χαίρειν φράσας ταῖς ἐνταῦθα τιμαῖς καὶ κνίσῃ καὶ ἱερείων αἵματι κάτειμι εἰς

ἄγαλμα, -ατος, τό: a statue
ἄγροικος, -ον: of or in the country
αἷμα, -ατος, τό: blood
ἀνατρέπω: to overturn
ἐπιτρίβω: to crush
ἱερεῖον, τό: a sacrificial victim
κάτειμι: to go down (*fut.*)
κνῖσα, ἡ: the savour and steam of burnt sacrifice
κωμικός, -ή, -όν: of comedy, comic
μακρός, -ά, -ον: long

νεώς, -ώ, ὁ: a temple
οὐδαμῶς: in no wise
πάλαι: long ago, in olden time
παρρησία, ἡ: freespokenness, frankness
περισυλάω: strip off, rob
σκάφη, ἡ: a trough
τιμή, ἡ: value, honor
ὑβρίζω: to outrage
ὑμέτερος, -α, -ον: your
φράζω: to indicate, declare
χαίρω: to rejoice, fair well

ἤν τις ὑβρίζῃ: pres. subj. in future more vivid protasis, "if someone outrages"
τὸν νεών: acc., "rob *my temple*"
ἢν μὴ ... δεδογμένον ᾖ: perf. subj. pass. of **δοκέω** in future more vivid protasis, "if it had not been approved"
ἄκουσον: aor. imper., "listen!"
ὁ κωμικὸς ἔφη: from an unknown comic poet. The phrase is also used by Philip of Macedon, according to Plutarch, "Sayings of Kings and Commanders" Moralia 178b
σκάφην: acc. pred., "calling the trough *a trough*"
μακρὰ χαίρειν: "having said *long farewells to*" + dat.

τὸν Ἅιδην, ὅπου με γυμνὸν τὸ τόξον ἔχοντα κἂν τὰ εἴδωλα φοβήσεται τῶν ὑπ' ἐμοῦ πεφονευμένων θηρίων.

ΖΕΥΣ:

Εὖ γε, οἴκοθεν ὁ μάρτυς, φασίν· ἀπέσωσάς γ' ἂν οὖν τῷ Δάμιδι ταῦτα εἰπεῖν ὑποβαλών. ἀλλὰ τίς ὁ σπουδῇ προσιὼν οὗτός ἐστιν, ὁ χαλκοῦς, ὁ εὔγραμμος καὶ εὐπερίγραφος, ὁ ἀρχαῖος τὴν ἀνάδεσιν τῆς κόμης; μᾶλλον δὲ ὁ σός, ὦ Ἑρμῆ, ἀδελφός ἐστιν, ὁ ἀγοραῖος, ὁ παρὰ τὴν Ποικίλην· πίττης γοῦν ἀναπέπλησται ὁσημέραι ἐκματτόμενος ὑπὸ τῶν

ἀγοραῖος, -ον: belonging to the ἀγορά
ἀδελφός: a brother
Ἅιδης, ὁ: Hades, the underworld
ἀνάδεσις, -εως, ἡ: a binding (of the hair)
ἀναπίμπλημι: to fill up
ἀποσῴζω: to save
ἀρχαῖος, -α, -ον: old-fashioned
γυμνός, -ή, -όν: naked, unclad
εἴδωλον, τό: an image, a phantom
ἐκμάττω: to mold in clay
εὔγραμμος, -ον: well-drawn
εὐπερίγραφος, -ον: with a good outline
θηρίον, τό: a wild animal, beast

κόμη, ἡ: the hair
μᾶλλον: rather
μάρτυς, -υρος, ὁ: a witness
οἴκοθεν: from home
ὁσημέραι: as many days as are
πίττα, ἡ: pitch
σπουδή, ἡ: haste, speed
τόξον, τό: a bow
ὑποβάλλω: to put under, suggest (+ *inf.*)
φοβέομαι: to be put to flight
φονεύω: to murder, kill, slay
χαλκοῦς, -ῆ, -οῦν: made of copper

ὅπου ... φοβήσεται: fut. mid., "where phantoms *will flee* me"
ἔχοντα: pres. part., "flee me *having* my bow"
κἂν (= καὶ ἄν): "*even if* phantoms" i.e. at least he can hunt phantoms
τῶν ... πεφονευμένων: perf. part. attributive, "phantoms of the beasts *who have been slain*" as Heracles is pictured in the underworld in book 9 of the *Odyssey*
οἴκοθεν: "a witness *from home*" i.e. insider information
φασίν: "as they say" indicating a proverbial saying
ἀπέσωσάς: aor. in past contrafactual apodosis, "you would have saved us"
ὑποβαλών: aor. part. contrafactual conditional, "*if you had suggested* to Davis"
ὁ σπουδῇ προσιών: pres. part. attributive, "who is *the one approaching quickly?*"
τὴν ἀνάδεσιν: acc. of respect, "old-fashioned *with respect to the binding* of his hair"
ὁ ἀγοραῖος: referring to a bronze statue near the "painted stoa" in Athens called the Hermes Agoraios
ἀναπέπλησται: perf. of ἀνα-πίμπλημι, "*he is filled up* with pitch"
ἐκματτόμενος: pres. part. causal, "from being molded" i.e. from sculptors making casts for new statues

ἀνδριαντοποιῶν. τί, ὦ παῖ, δρομαῖος ἡμῖν ἀφῖξαι; ἢ πού τι ἐκ γῆς νεώτερον ἀπαγγέλλεις;

ΕΡΜΑΓΟΡΑΣ:
Ὑπέρμεγα, ὦ Ζεῦ, καὶ μυρίας τῆς σπουδῆς δεόμενον.

ΖΕΥΣ:
Λέγε ἤδη, εἴ τι καὶ ἄλλο ἡμᾶς ἐπανιστάμενον λέληθεν.

ΕΡΜΑΓΟΡΑΣ:
Ἐτύγχανον μὲν ἄρτι χαλκουργῶν ὕπο
πιττούμενος στέρνον τε καὶ μετάφρενον·
θώραξ δέ μοι γελοῖος ἀμφὶ σώματι
πλασθεὶς παρῃώρητο μιμηλῇ τέχνῃ

ἀνδριαντοποιός, ὁ: a statue-maker, sculptor
ἀπαγγέλλω: to report, announce
ἄρτι: just now
ἀφικνέομαι: to come to
γέλοιος, -α, -ον: laughable
δέομαι: to need (+ *gen.*)
δρομαῖος, -α, -ον: running at full speed
ἐπανίστημι: to set up again
Ἑρμαγόρας, ὁ: a pun on the name *Hermes agoraios* and also the name of a famous orator
ἦ που: methinks, I suppose
θώραξ, -ακος, ὁ: a breastplate
λανθάνω: to escape notice
μετάφρενον, τό: the back
μιμηλός, -ή, -όν: imitative
μυρίος, -ος, -ον: countless
νεώτερος, -α, -ον: newer
παραιωρέω: to hang up beside
πιττόω: to cover over with pitch
πλάττω: to form, mould, shape
σπουδή, ἡ: haste, speed
στέρνον, τό: the breast, chest
σῶμα, -ατος, τό: a body
τυγχάνω: to hit, happen to be (+ *part.*)
ὑπέρμεγας, -άλα, -αν: immensely great
χαλκουργός, ὁ: a coppersmith

ἀφῖξαι: perf. of ἀφικνέομαι, "why *have you arrived*?"
ἐπανιστάμενον: pres. part. nom., "if something else *arising*"
λέληθεν: perf., "something *has escaped our notice*"
Ἐτύγχανον κτλ.: these lines parody Euripides, *Orestes* 866, 871, 880
χαλκουργῶν ὕπο: anastrophe, "being pitched *by the coppersmiths*"
πιττούμενος: pres. part. supplementing ἐτύγχανον, "I happened to be *being covered with pitch*"
πλασθεὶς: aor. part. pass., "a breastplate *having been formed*"
παρῃώρητο: impf. of *παρα-αἰωρέω*, "*was hanging beside*"
μιμηλῇ τέχνῃ: dat. of instrument, "formed *by imitative craft*"

σφραγῖδα χαλκοῦ πᾶσαν ἐκτυπούμενος·
ὁρῶ δ' ὄχλον στείχοντα καί τινας δύο
ὠχροὺς κεκράκτας, πυγμάχους σοφισμάτων,
Δᾶμίν τε καὶ --

ΖΕΥΣ:

Παῦε, ὦ Ἑρμαγόρα βέλτιστε, τραγῳδῶν· οἶδα γὰρ οὕστινας λέγεις. ἀλλ' ἐκεῖνό μοι φράσον, εἰ πάλαι συγκροτεῖται αὐτοῖς ἡ ἔρις.

ΕΡΜΑΓΟΡΑΣ:

Οὐ πάνυ, ἀλλ' ἐν ἀκροβολισμοῖς ἔτι ἦσαν ἀποσφενδονῶντες ἀλλήλοις πόρρωθέν ποθεν λοιδορούμενοι.

ἀκροβόλισις, -εως, ἡ: a skirmishing
ἀλλήλοις: at one another
ἀποσφενδονάω: to hurl from a sling
βέλτιστος, -η, -ον: best
δύο: two
ἐκτυπόω: to model, shape
ἔρις, ἔριδισ, ἡ: strife, quarrel
κεκράκτης, -ου, ὁ: a bawler
λοιδορέω: to abuse, revile
ὄχλος, ὁ: a moving crowd, a throng, mob
πάλαι: for a long time

ποθεν: from one place or other
πρόσωθεν: from afar
πύγμαχος, ὁ: a boxer
σόφισμα, -ατος, τό: any skilful act, sophism
στείχω: to walk, march
συγκροτέω: to strike together, wage war
σφραγίς, -ῖδος, ἡ: an impression
τέχνη, ἡ: art, skill, craft
τραγῳδέω: to act a tragedy, bluster
φράζω: to point out, indicate
ὠχρός, -ά, -όν: pale, wan, sallow

ἐκτυπούμενος: pres. part. mid., "having molded itself" i.e. having received the impression of the bronze"
ὠχροὺς: pale skin is associated with sophists and philosophers
τραγῳδῶν: pres. part. supplementing παῦε, "stop *blustering*"
οὕστινας: acc. rel. pron., "I know *whom* you mean"
φράσον: aor. imper., "*indicate* this!"
αὐτοῖς: dat. of agent
συγκροτεῖται: pres. pass. in ind. quest. after φράσον, "whether strife *has been waged*"

ΖΕΥΣ:

Τί οὖν ἔτι ποιεῖν λοιπόν, ὦ θεοί, ἢ ἀκροάσασθαι ἐπικύψαντας αὐτῶν; ὥστε ἀφαιρείτωσαν αἱ Ὧραι τὸν μοχλὸν ἤδη καὶ ἀπάγουσαι τὰ νέφη ἀναπεταννύτωσαν τὰς πύλας τοῦ οὐρανοῦ.

Ἡράκλεις, ὅσον τὸ πλῆθος ἐπὶ τὴν ἀκρόασιν ἀπηντήκασιν. ὁ δὲ Τιμοκλῆς αὐτὸς οὐ πάνυ μοι ἀρέσκει ὑποτρέμων καὶ ταραττόμενος: ἀπολεῖ ἅπαντα οὗτος τήμερον: δῆλος γοῦν ἐστιν οὐδὲ ἀντάρασθαι τῷ Δάμιδι δυνησόμενος. ἀλλ' ὅπερ ἡμῖν δυνατώτατον, εὐχώμεθα ὑπὲρ αὐτοῦ
    σιγῇ ἐφ' ἡμείων, ἵνα μὴ Δαμίς γε πύθηται.

ἀκροάομαι: to hearken to, listen to
ἀκρόασις, -εως, ἡ: a hearing or listening
ἀναπετάννυμι: to spread out, unfold, unfurl
ἀνταίρω: to raise against (+ *dat.*)
ἀπάγω: to lead away, carry off
ἀπαντάω: to meet, come together
ἀπόλλυμι: to destroy utterly, kill, slay
ἀρέσκω: to be pleasing to (+ *dat.*)
ἀφαιρέω: to take from, remove
δῆλος, -η, -ον: visible, obvious
δύναμαι: to be able (+ *inf.*)
δυνατός, -ή, -όν: able, possible
ἐπικύπτω: to stoop over

εὔχομαι: to pray
λοιπός, -ή, -όν: remaining
μοχλός, ὁ: a bar
νέφος, -εος, τό: a cloud, mass of clouds
οὐρανός, ὁ: heaven
πλῆθος, -εος, τό: a throng, crowd
πύλη, ἡ: a gate
πυνθάνομαι: to learn by hearsay
σιγή, ἡ: silence.
ταράττω: to stir, trouble
τήμερον: today
ὑποτρέμω: to tremble a little
Ὧραι, αἱ: the Hours

ἐπικύψαντας: aor. part. acc. agreeing with the subject of ἀκροάσασθαι, "what is left except for us, *having stooped over*, to listen?"
ἀφαιρείτωσαν: 3 pl. pres. imper., "let them remove!"
ἀπάγουσαι: aor. part. agreeing with Ὧραι, "they, *having lead away*"
ἀναπεταννύτωσαν: 3 pl. pres. imper., "let them spread open!"
ἀπηντήκασιν: perf. of ἀπο-ἀντάω pl. according to sense, "what a crowd *has gathered*!"
ἀπολεῖ: fut., "he will destroy"
δυνησόμενος: fut. part. supplementing δῆλος ἐστιν, "he obviously *will not be able to*" + inf.
εὐχώμεθα: pres. subj. hortatory, "let us pray!"
ἐφ' ἡμείων: "in silence *each to himself*" cf. *Iliad* 7, 195
ἵνα μὴ... πύθηται: aor. subj. in purpose clause, "lest he learn" *Iliad* 7, 195

ΤΙΜΟΚΛΗΣ:

Τί φής, ὦ ἱερόσυλε Δᾶμι, θεοὺς μὴ εἶναι μηδὲ προνοεῖν τῶν ἀνθρώπων;

ΔΑΜΙΣ:

Οὔκ: ἀλλὰ σὺ πρότερος ἀπόκριναί μοι ᾧτινι λόγῳ ἐπείσθης εἶναι αὐτούς.

ΤΙΜΟΚΛΗΣ:

Οὐ μὲν οὖν, ἀλλὰ σύ, ὦ μιαρέ, ἀπόκριναι.

ΔΑΜΙΣ:

Οὐ μὲν οὖν, ἀλλὰ σύ.

ΖΕΥΣ:

Ταυτὶ μὲν παρὰ πολὺ ὁ ἡμέτερος ἄμεινον καὶ εὐφωνότερον τραχύνεται. εὖ γε, ὦ Τιμόκλεις, ἐπίχει τῶν βλασφημιῶν· ἐν γὰρ τούτῳ σοι τὸ κράτος, ὡς τά γε ἄλλα ἰχθύν σε ἀποφανεῖ ἐπιστομίζων.

ἀμείνων, -ον: better, abler
ἀποκρίνομαι: to answer
ἀποφαίνω: to show display
βλασφημία, ἡ: a profane speech
ἐπιστομίζω: to bridle, silence
ἐπιχέω: to pour water over
εὔφωνος, -ον: sweet-voiced, musical
ἱερόσυλος, ὁ: a sacrilegious person

ἰχθύς, ὁ: a fish
κράτος, -εος, τό: strength, might
μιαρός, -ά, -όν: stained
πείθω: to persuade
προνοέω: to foresee, be provident
πρότερος, -α, -ον: before
τραχύνω: to be harsh, grate

ἀπόκριναί: aor. imper., "answer!"
ἐπείσθης: aor. pass. of πείθω in ind. quest., "by what *you are persuaded*"
ταυτὶ: neut. acc. of respect, "at this point"
οὐ μὲν οὖν: "certainly not!"
παρὰ πολὺ: "by much"
ἐπίχει: pres. imper., "pour on!" + gen.
τά γε ἄλλα: acc. of respect, "as for the other things"
ἰχθύν: acc. pred., "show you to be *a fish*"
ἀποφανεῖ: fut., "*he will show* you"

ΤΙΜΟΚΛΗΣ:

Ἀλλά, μὰ τὴν Ἀθηνᾶν, οὐκ ἂν ἀποκριναίμην σοι πρότερος.

ΔΑΜΙΣ:

Οὐκοῦν, ὦ Τιμόκλεις, ἐρώτα· ἐκράτησας γὰρ τοῦτό γε ὀμωμοκώς· ἀλλ' ἄνευ τῶν βλασφημιῶν, εἰ δοκεῖ.

ΤΙΜΟΚΛΗΣ:

Εὖ λέγεις· εἰπὲ οὖν μοι, οὐ δοκοῦσί σοι, ὦ κατάρατε, προνοεῖν οἱ θεοί.

ΔΑΜΙΣ:

Οὐδαμῶς.

ΤΙΜΟΚΛΗΣ:

Τί φής; ἀπρονόητα οὖν ταῦτα ἅπαντα;

ΔΑΜΙΣ:

Ναί.

ΤΙΜΟΚΛΗΣ:

Οὐδ' ὑπό τινι οὖν θεῷ τάττεται ἡ τῶν ὅλων ἐπιμέλεια;

ἄνευ: without (+ *gen.*)
ἀπρονόητος, -ον: unpremeditated
βλασφημία, ἡ: a profane speech
δοκέω: to seem (+ *inf.*)
εἶπον: to speak, say (*aor.*)
ἐπιμέλεια, ἡ: care, attention
ἐρωτάω: to ask

κατάρατος, -ον: accursed, abominable
κρατέω: to prevail
ὅλος, -η, -ον: whole, all
ὄμνυμι: to swear
οὐδαμῶς: in no wise
οὐκοῦν: therefore, then, accordingly
τάττω: to arrange, put in order

ἀποκριναίμην: aor. opt. pot., "I would not like to answer"
τοῦτό γε ὀμωμοκώς: perf. part. instrumental of ὄμνυμι, "by having sworn this" i.e. because he swore by Athena

ΔΑΜΙΣ:
Οὔ.

ΤΙΜΟΚΛΗΣ:
Πάντα δὲ εἰκῇ φέρεται;

ΔΑΜΙΣ:
Ναί.

ΤΙΜΟΚΛΗΣ:
Εἶτ' ἄνθρωποι ταῦτα ἀκούοντες ἀνέχεσθε καὶ οὐ καταλεύσετε τὸν ἀλιτήριον;

ΔΑΜΙΣ:
Τί τοὺς ἀνθρώπους ἐπ' ἐμὲ παροξύνεις, ὦ Τιμόκλεις; ἢ τίς ὢν ἀγανακτεῖς ὑπὲρ τῶν θεῶν, καὶ ταῦτα ἐκείνων αὐτῶν οὐκ ἀγανακτούντων; οἵ γε οὐδὲν δεινὸν διατεθείκασί με πάλαι ἀκούοντες, εἴ γε ἀκούουσιν.

ἀγανακτέω: to feel irritation
ἀλιτήριος, -ον: sinning, offending
ἀνέχω: to hold up
δεινός, -ή, -όν: terrible
διατίθημι: to dispose, to treat X (*acc.*) somehow (*adv.*)

εἰκῇ: without plan or purpose
εἶτα: then, next
καταλεύω: to stone to death
πάλαι: long ago, in olden time
παροξύνω: to urge, spur on
φέρω: to bear, carry along

ἀνέχεσθε: pres. mid., "do you endure?"
τίς ὢν: pres. part., "being who?" i.e. who are you to?
ἀγανακτούντων: pres. part. in gen. abs., "these themselves not *being annoyed*"
οὐδὲν: adv., "not at all"
διατεθείκασί: perf. of δια-τίθημι, "*they have treated* me terribly"
ἀκούοντες: pres. part. concessive, "*although hearing* me"
εἴ γε: "*if indeed* they listen"

ΤΙΜΟΚΛΗΣ:

Ἀκούουσι γάρ, ὦ Δᾶμι, ἀκούουσι, καί σε μετίασί ποτε χρόνῳ.

ΔΑΜΙΣ:

Καὶ πότε ἂν ἐκεῖνοι σχολὴν ἀγάγοιεν ἐπ' ἐμέ, τοσαῦτα, ὡς φῄς, πράγματα ἔχοντες καὶ τὰ ἐν τῷ κόσμῳ ἄπειρα τὸ πλῆθος ὄντα οἰκονομούμενοι; ὥστε οὐδὲ σέ πω ἠμύναντο ὧν ἐπιορκεῖς ἀεὶ καὶ τῶν ἄλλων, ἵνα μὴ βλασφημεῖν καὶ αὐτὸς ἀναγκάζωμαι παρὰ τὰ συγκείμενα. καίτοι οὐχ ὁρῶ ἥντινα

ἄγω: to lead, to do
ἀεί: always
ἀμύνομαι: to ward off, retaliate against X (*acc.*) for Y (*gen.*)
ἀναγκάζω: to force, compel
ἄπειρος, -ον: boundless, infinite
βλασφημέω: to blaspheme
ἐπιορκέω: to swear falsely
καίτοι: and yet
κόσμος, ὁ: order, cosmos

μέτειμι: to pursue with vengeance (*fut.*)
οἰκονομέω: to manage, regulate
πλῆθος, -εος, τό: a great number
πότε: when? at what time?
πρᾶγμα, -ατος, τό: a deed, business matters
πω: up to this time, yet
σύγκειμαι: to lie together, to be agreed on
σχολή, ἡ: spare time, leisure
τοσοῦτος, -αύτη, -οῦτο: so great
χρόνος, ὁ: time

μετίασί: fut. from μετα-εῖμι, "*they will pursue* you"
ἀγάγοιεν: aor. opt. pot., "when would they do leisure?" i.e. have leisure
ἐπ' ἐμέ: "have leisure *for me*" i.e. to pursue me
ἔχοντες ... οἰκονομούμενοι: pres. part. causal, "since they have ... since they manage"
τὰ ἐν τῷ κόσμῳ: "the things in the created world"
τὸ πλῆθος: acc. of respect with ἄπειρα, "being infinite *in number*"
οὐδὲ σέ πω: emphasizing σέ, "not yet even *you*"
ἠμύναντο: aor. of ἀμύνω, "*they retaliated against*"
ὧν: gen. pl. attracted to case of antecedent, "*for what* you always swear falsely"
ἵνα μὴ ... ἀναγκάζωμαι: pres. subj. in purpose clause, "lest I be forced" + inf.
παρὰ τὰ συγκείμενα: pres. part., "contrary to the things agreed"
ἥντινα ἂν ... ἐδύναντο: aor. in past contrafactual ind. quest., "see *what they (the gods) would have been able to*" + inf.

ἂν ἄλλην ἐπίδειξιν τῆς ἑαυτῶν προνοίας μείζω ἐξενεγκεῖν ἐδύναντο ἢ σὲ κακὸν κακῶς ἐπιτρίψαντες.

ἀλλὰ δῆλοί εἰσιν ἀποδημοῦντες, ὑπὲρ τὸν Ὠκεανὸν ἴσως μετ' ἀμύμονας Αἰθιοπῆας· ἔθος γοῦν αὐτοῖς συνεχῶς ἰέναι παρ' αὐτοὺς μετὰ δαῖτα καὶ αὐτεπαγγέλτοις ἐνίοτε.

ΤΙΜΟΚΛΗΣ:

Τί πρὸς τοσαύτην ἀναισχυντίαν εἴποιμι ἄν, ὦ Δᾶμι;

ΔΑΜΙΣ:

Ἐκεῖνο, ὦ Τιμόκλεις, ὃ πάλαι ἐγὼ ἐπόθουν ἀκοῦσαί σου, ὅπως ἐπείσθης οἴεσθαι προνοεῖν τοὺς θεούς.

Αἰθίοψ, -οπος, ὁ: an Ethiopian
ἀμύμων, -ον: blameless, noble
ἀναισχυντία, ἡ: shamelessness
ἀποδημέω: to be abroad, be traveling
αὐτεπάγγελτος, -ον: self-invited
γοῦν: at least then, at any rate
δαίς, δαῖτος, ὁ: meal, banquet
δῆλος, -η, -ον: visible, conspicuous
δύναμαι: to be able, capable
ἔθος, -εος, τό: custom, habit
ἐνίοτε: sometimes
ἐξήνεγκον: to carry out (aor.)

ἐπίδειξις, -εως, ἡ: a proof, display
ἐπιτρίβω: to rub on the surface, to crush
κακός, -ή, -όν: bad
οἴομαι: to suppose, think
πάλαι: long ago
πείθω: to persuade
ποθέω: to long for, yearn after
προνοέω: to perceive before, foresee
πρόνοια, ἡ: foresight, providence
συνεχῶς: frequently
Ὠκεανός, -οῦ, ὁ: Oceanus

μείζω (= μείζο[ν]α)... ἢ: "display *greater* ... *than*"
ἐξενεγκεῖν: aor. of ἐκ-φέρω complementing ἐδύναντο, "able *to carry out*"
ἐπιτρίψαντες: aor. part. instrumental, "than *by crushing*"
ἀποδημοῦντες: pres. part. supplementing δῆλοί εἰσιν, "they are clearly *traveling*"
ἀμύμονας Αἰθιοπῆας: gods are frequently "among the Ethiopians" in Homer to show they are preoccupied, as in *Odyssey* 1, 22-5
ἰέναι: pres. inf. epexegetic after ἔθος, "their custom *to go*"
μετὰ δαῖτα: "in pursuit of a meal"
εἴποιμι: aor. opt. pot., "what could I say?"
ἐκεῖνο ... ὅ: in answer to the question, "that ... which"
ἀκοῦσαί: aor. inf. after ἐπόθουν, "longed *to hear* from you"
ὅπως ἐπείσθης: aor. pass. in ind. quest., "to hear *how you were persuaded*" + inf.

ΤΙΜΟΚΛΗΣ:

Ἡ τάξις με πρῶτον τῶν γινομένων ἔπεισεν, ὁ ἥλιος ἀεὶ τὴν αὐτὴν ὁδὸν ἰὼν καὶ σελήνη κατὰ ταὐτὰ καὶ ὧραι τρεπόμεναι καὶ φυτὰ φυόμενα καὶ ζῷα γεννώμενα καὶ αὐτὰ ταῦτα οὕτως εὐμηχάνως κατεσκευασμένα ὡς τρέφεσθαι καὶ κινεῖσθαι καὶ ἐννοεῖν καὶ βαδίζειν καὶ τεκταίνεσθαι καὶ σκυτοτομεῖν καὶ τἆλλα· ταῦτα προνοίας ἔργα εἶναί μοι δοκεῖ.

ΔΑΜΙΣ:

Αὐτό που τὸ ζητούμενον, ὦ Τιμόκλεις, συναρπάζεις· οὐδέπω γὰρ δῆλον εἰ προνοίᾳ τούτων ἕκαστον ἀποτελεῖται. ἀλλ᾽ ὅτι μὲν τοιαῦτά ἐστι τὰ γινόμενα φαίην ἂν καὶ αὐτός·

ἀεί: always, for ever
ἀποτελέω: to bring to an end, complete
βαδίζω: to go, to walk
γεννάω: to beget, engender
δῆλος, -η, -ον: visible, conspicuous
δοκέω: to seem to (+ *dat.* + *inf.*)
ἕκαστος, -η, -ον: each, each one
ἐννοέω: to think, consider
εὐμηχάνως: skillfully, ingeniously
ζητέω: to seek, seek for
ζῷον, τό: an animal
ἥλιος, ὁ: the sun
κατασκευάζω: to equip
κινέω: to set in motion, to move

ὁδός, ἡ: a way, path
πρόνοια, ἡ: foresight, providence
σελήνη, ἡ: the moon
σκυτοτομέω: to cut leather (for clothing)
συναρπάζω: to seize and carry clean away
τάξις, -εως, ἡ: an arranging
ταὐτός, -ή, -όν: identical
τεκταίνομαι: to build
τρέπω: to turn or direct
τρέφω: to nurse, nourish
φυτόν, τό: a plant, tree
φύω: to bring forth, produce
ὥρα, ἡ: period of time, season

ἡ τάξις: "*the arrangement* of phenomena," the argument for intelligent design
κατεσκευασμένα: perf. part., "these things *having been devised* so cleverly so that"
ὡς τρέφεσθαι: the first of a series of inf. in result clauses, "so that they are nourished"
τὸ ζητούμενον: pres. part. attributive, "*the thing being sought* itself"
εἰ ... ἀποτελεῖται: pres. in ind. quest. after δῆλον, "clear whether each is completed"
τὰ γινόμενα (=γιγνόμενα): pres. part. attributive, "phenomena"
φαίην: pres. opt. pot., "I myself would say"

Zeus the Tragedian

οὐ μὴν αὐτίκα πεπεῖσθαι ἀνάγκη καὶ ὑπό τινος προμηθείας αὐτὰ γίγνεσθαι· ἔνι γὰρ καὶ ἄλλως ἀρξάμενα νῦν ὁμοίως καὶ κατὰ ταὐτὰ συνίστασθαι, σὺ δὲ τάξιν αὐτῶν ὀνομάζεις τὴν ἀνάγκην, εἶτα δηλαδὴ ἀγανακτήσεις εἴ τίς σοι μὴ ἀκολουθοίη τὰ γινόμενα μὲν ὁποῖά ἐστι καταριθμουμένῳ καὶ ἐπαινοῦντι, οἰομένῳ δὲ ἀπόδειξιν ταῦτα εἶναι τοῦ καὶ προνοίᾳ διατάττεσθαι αὐτῶν ἕκαστον. ὥστε κατὰ τὸν κωμικόν·

τουτὶ μὲν ὑπομόχθηρον, ἄλλο μοι λέγε.

ἀγανακτέω: to feel irritation
ἀκολουθέω: to follow
ἄλλως: in another way or manner
ἀνάγκη, ἡ: necessity
ἀπόδειξις, -εως, ἡ: a demonstration
ἄρχομαι: to begin
αὐτίκα: forthwith, straightway
δηλαδή: quite clearly, manifestly
διατάττω: to appoint severally, dispose
εἶτα: then
ἐπαινέω: to praise
καταριθμέω: to enumerate, catalog
κωμικός, -ή, -όν: of or for comedy, comic
οἴομαι: to suppose, think
ὁμοίως: uniformly
ὀνομάζω: to name
ὁποῖος: of what sort or quality
πείθω: to persuade
προμήθεια, ἡ: foresight, forethought
συνίστημι: to set together, occur
ὑπομόχθηρος, -ον: baddish, rather hard

οὐ μὴν: "but truly not"
πεπεῖσθαι: perf. inf. after ἀνάγκη, "is there necessity *to believe*"
ὑπό τινος προμηθείας: the agency expression, "happen *by some forethought*"
ἔνι (= ἔνεστι): "it is possible" + inf.
ἀρξάμενα: aor. part. neut. pl., "they *having begun* otherwise"
κατὰ ταὐτὰ: "according to the same" i.e. regularly
συνίστασθαι: pres. inf. intransitive after ἔνι, "possible *that they now occur*"
τάξιν: acc. pred., "you call necessity *order*"
εἴ τίς σοι μὴ ἀκολουθοίη: pres. opt. in pres. gen. protasis, "if someone does not follow you"
ὁποῖά ἐστι: ind. quest. after καταριθμουμένῳ, "enumerating *what they are*"
καταριθμουμένῳ καὶ ἐπαινοῦντι, οἰομένῳ: pres. part. agreeing with σοι, "with you, when you enumerate and praise, supposing"
ἀπόδειξιν: acc. pred., "supposing these to be *a demonstration*"
τοῦ ... διατάττεσθαι: pres. inf. articular gen., "demonstration *of the being ordered*"
ὥστε κατὰ τὸν κωμικόν: "and so as the comic (poet) says" the line is unidentified
ἄλλο μοι λέγε: "tell me something else!"

ΤΙΜΟΚΛΗΣ:

Ἐγὼ μὲν οὐκ οἶμαι καὶ ἄλλης ἐπὶ τούτοις δεῖν ἀποδείξεως. ὅμως δ' οὖν ἐρῶ· ἀπόκριναι γάρ μοι, Ὅμηρός σοι δοκεῖ ἄριστος ποιητὴς γενέσθαι;

ΔΑΜΙΣ:

Καὶ μάλα.

ΤΙΜΟΚΛΗΣ:

Οὐκοῦν ἐκείνῳ ἐπείσθην τὴν πρόνοιαν τῶν θεῶν ἐμφανίζοντι.

ΔΑΜΙΣ:

Ἀλλ', ὦ θαυμάσιε, ποιητὴν μὲν ἀγαθὸν Ὅμηρον γενέσθαι πάντες σοι συνομολογήσουσι, μάρτυρα δὲ ἀληθῆ περὶ τῶν τοιούτων οὔτ' ἐκεῖνον οὔτε ἄλλον ποιητὴν οὐδένα· οὐ γὰρ ἀληθείας μέλει αὐτοῖς, οἶμαι, ἀλλὰ τοῦ κηλεῖν τοὺς

ἀγαθός, -ή, -όν: good
ἀλήθεια, ἡ: the truth
ἀληθής, -ές: unconcealed, true
ἀπόδειξις, -εως, ἡ: a showing forth, exhibiting
ἄριστος, -η, -ον: best
ἐμφανίζω: to make manifest, exhibit
ἐρέω: to say or speak (*fut.*)
θαυμάσιος, -ον: wondrous

κηλέω: to charm, bewitch, enchant
μάλα: very, very much
μάρτυς, -υρος, ὁ: a witness
μέλω: for X (gen.) to be a care to Y (dat.)
Ὅμηρος, ὁ: Homer;
οὐκοῦν: therefore, then, accordingly
ποιητής, -οῦ, ὁ: a poet
συνομολογέω: to to agree with

ἐπὶ τούτοις: "in addition to these"
δεῖν: pres. inf. after **οἶμαι**, "suppose *that there is need of*" + gen.
γενέσθαι: aor. inf. after **δοκεῖ**, "seem *to be*"
ἐπείσθην: aor. pass., "*I was persuaded* by him"
ποιητὴν μὲν ἀγαθὸν … μάρτυρα δὲ ἀληθῆ: acc. pred., "that while Homer is *a good poet … that he is not a true witness*"
οὔτε … οὐδένα: the second negative reinforces, "that no other at all"
τοῦ κηλεῖν: pres. inf. articular gen. after **μέλει**, "care *for charming* the audience"

Zeus the Tragedian

ἀκούοντας, καὶ διὰ τοῦτο μέτροις τε κατᾴδουσι καὶ μύθοις κατηχοῦσι καὶ ὅλως ἅπαντα ὑπὲρ τοῦ τερπνοῦ μηχανῶνται. ἀτὰρ ἡδέως ἂν καὶ ἀκούσαιμι οἷστισι μάλιστα ἐπείσθης τῶν Ὁμήρου: ἆρα οἷς περὶ τοῦ Διὸς λέγει, ὡς ἐπεβούλευον συνδῆσαι αὐτὸν ἡ θυγάτηρ καὶ ὁ ἀδελφὸς καὶ ἡ γυνή; καὶ εἴ γε μὴ τὸν Βριάρεων ἡ Θέτις ἐκάλεσεν ἐπεπέδητο ἂν ἡμῖν ὁ βέλτιστος Ζεὺς συναρπασθείς. ἀνθ᾿ ὧν καὶ ἀπομνημονεύων τῇ Θέτιδι τὴν εὐεργεσίαν ἐξαπατᾷ τὸν Ἀγαμέμνονα ὄνειρόν τινα ψευδῆ ἐπιπέμψας, ὡς πολλοὶ τῶν Ἀχαιῶν ἀποθάνοιεν.

Ἀγαμέμνων, -ονος, ὁ: Agamemnon
ἀδελφός, ὁ: a brother i.e. Poseidon
ἀποθνήσκω: to die off, die
ἀπομνημονεύω: to remind
ἆρα: particle introducing a question
ἀτάρ: but, yet
Ἀχαιοί, -ά, -όν: Achaian
βέλτιστος, -η, -ον: best
βριάρεως, ὁ: a 100-handed giant
γυνή, ἡ: a woman, wife i.e. Hera
ἐξαπατάω: to deceive thoroughly
ἐπιβουλεύω: to plan or contrive against
ἐπιπέμπω: to send besides
εὐεργεσία, ἡ: well-doing, favor

ἡδέως: sweetly
Θέτις, ἡ: Thetis, the mother of Achilleus
θυγάτηρ, ἡ: a daughter i.e. Athena
κατᾴδω: to sing
κατηχέω: to sound
μέτρον, τό: poetic meter
μηχανάομαι: to prepare, contrive
μῦθος, ὁ: story, fiction
ὄνειρος, ὁ: a dream
πεδάω: to bind with fetters
συναρπάζω: to seize and carry clean away
συνδέω: to bind or tie together
τερπνόν, τό: delight
ψευδής, -ές: lying, false

ἀκούσαιμι: aor. opt. pot., "I would like to hear"
οἷστισι ... ἐπείσθης: aor. pass. in ind. quest., "hear *by which (verses) of Homer you were persuaded*"
οἷς: dat. pl. attracted into the case of the antecedent, "*by (the verses) which* he says?"
ὡς ἐπεβούλευον: impf., "*how his daughter was plotting*" referring to an episode reported in *Iliad* 1, 399ff. where Thetis saves Zeus from his plotting siblings
συνδῆσαι: aor. inf. after ἐπεβούλευον, plotting *to bind*"
εἴ γε μὴ ... ἐκάλεσεν: aor. in past contrafactual protasis, "had not she summoned"
ἐπεπέδητο: plupf. in past contrafactual apodosis, "*he would have been bound*"
συναρπασθείς: aor. part. pass., "he, *having been carried away*"
ἀνθ᾿ ὧν: "in return for which"
ἀπομνημονεύων: pres. part., "and *being reminded* by Thetis"
ὄνειρόν τινα ψευδῆ: Zeus deceives Agamemnon with a false dream at the beginning of *Iliad* 2
ὡς ... ἀποθάνοιεν: aor. opt. in purpose clause, "so that many would die"

ὁρᾷς; ἀδύνατον γὰρ ἦν αὐτῷ κεραυνὸν ἐμβαλόντι καταφλέξαι τὸν Ἀγαμέμνονα αὐτὸν ἄνευ τοῦ ἀπατεῶνα εἶναι δοκεῖν. ἢ ἐκεῖνά σε μάλιστα εἰς τὴν πίστιν ἐπεσπάσαντο, ἀκούοντα ὡς Διομήδης μὲν ἔτρωσε τὴν Ἀφροδίτην, εἶτα τὸν Ἄρη αὐτὸν Ἀθηνᾶς παρακελεύσει, μετὰ μικρὸν δὲ αὐτοὶ συμπεσόντες οἱ θεοὶ ἐμονομάχουν ἀναμὶξ ἄρρενες καὶ θήλειαι, καὶ Ἀθηνᾶ μὲν Ἄρη καταγωνίζεται ἅτε καὶ προπεπονηκότα, οἶμαι, ἐκ τοῦ τραύματος ὃ παρὰ τοῦ Διομήδους εἰλήφει,

Λητοῖ δ' ἀντέστη σῶκος ἐριούνιος Ἑρμῆς;

ἀδύνατος, -η, -ον: unable
Ἀθηνᾶ, ἡ: Athena
ἀναμίξ: promiscuously
ἄνευ: without (+ gen.)
ἀνθίστημι: to set against (+ dat.)
ἀπατεών, -ῶνος, ὁ: a cheat, rogue
Ἄρης, ὁ: Ares
ἄρρην, ἄρρεν: male
Ἀφροδίτη, ἡ: Aphrodite
Διομήδης, -εος, ὁ: Diomedes
ἐμβάλλω: to throw in, cast upon
ἐπισπάω: to draw after
ἐριούνιος, ὁ: the ready helper
θῆλυς, -εια, -υ: female

καταγωνίζομαι: to prevail against, defeat
καταφλέγω: to burn up
κεραυνός, ὁ: a thunderbolt
λαμβάνω: to take, receive
Λητώ, -οῦς, ἡ: Leto, mother of Apollo and Artemis
μικρός, -ά, -όν: small, little
μονομαχέω: to fight in single combat
παρακέλευσις, -εως, ἡ: an exhorting
πίστις, -εως, ἡ: trust
προπονέω: to work beforehand
συμπίπτω: to fall together
σῶκος, ὁ: the stout, strong one
τιτρώσκω: to wound
τραῦμα, -ατος, τό: a wound, hurt

ἐμβαλόντι: aor. part. dat., "to him *casting upon*"
καταφλέξαι: aor. inf. epexegetic after ἀδύνατον, "not possible *to simply burn*"
τοῦ ... δοκεῖν: articular inf. gen. after ἄνευ, "without *seeming*" + inf.
ἀπατεῶνα: acc. pred., "seeming to be *a cheat*"
ἐπεσπάσαντο: aor., "did these things *draw you*?"
ἀκούοντα: pres. part. acc. agreeing with σε, "*you, hearing* that"
ἔτρωσε: aor. of τιτρώσκω, "*he wounded* Aphrodite, then Ares" in *Iliad* 5, 336, 558.
μετὰ μικρὸν (sc. χρόνον): "after a small time"
συμπεσόντες: aor. part. of συν-πίπτω, "having fallen upon each other"
ἐμονομάχουν: impf. inceptive, "they began fighting duels" in *Iliad* 20
ἅτε ... προπεπονηκότα: perf. part. acc. causal, "because he had fought before" i.e. he was exhausted
εἰλήφει: plupf. of λαμβάνω, "which *he had received*"
ἀντέστη: aor. intransitive of ἀντι-ίστημι, "Hermes *stood against* Leto" *Iliad* 20, 72

ἢ τὰ περὶ τῆς Ἀρτέμιδός σοι πιθανὰ ἔδοξεν, ὡς ἐκείνη μεμψίμοιρος οὖσα ἠγανάκτησεν οὐ κληθεῖσα ἐφ' ἑστίασιν ὑπὸ τοῦ Οἰνέως, καὶ διὰ τοῦτο σῦν τινα ὑπερφυᾶ καὶ ἀνυπόστατον τὴν ἀλκὴν ἐπαφῆκεν ἐπὶ τὴν χώραν αὐτοῦ; ἆρ' οὖν τὰ τοιαῦτα λέγων σε Ὅμηρος πέπεικε;

ΖΕΥΣ:

Βαβαί: ἡλίκον, ὦ θεοί, ἀνεβόησε τὸ πλῆθος, ἐπαινοῦντες τὸν Δᾶμιν: ὁ δ' ἡμέτερος ἀπορουμένῳ ἔοικεν: ἰδίει γοῦν καὶ ὑποτρέμει καὶ δῆλός ἐστιν ἀπορρίψων τὴν ἀσπίδα, καὶ ἤδη περιβλέπει οἷ παρεκδὺς ἀποδράσεται.

ἀγανακτέω: to feel irritation
ἀλκή, ἡ: strength
ἀναβοάω: to shout aloud
ἀνυπόστατος, -ον: irresistible
ἀποδιδράσκω: to run away or off, escape
ἀπορέω: to be at a loss
ἀπορρίπτω: to throw away, put away
Ἄρτεμις, -ιδος, ἡ: Artemis
ἀσπίς, -ίδος, ἡ: a round shield
βαβαί: bless me! (an exclamation)
δῆλος, -η, -ον: visible, clear
ἔοικα: to be like (*perf.*) (+ *dat.*)
ἐπαινέω: to praise
ἐπαφίημι: to discharge at

ἑστίασις, -εως, ἡ: a feasting
ἡλίκος, -η, -ον: how great!
ἰδίω: to sweat
καλέω: to summon, invite
μεμψίμοιρος, -ον: querulous, complaining
Οἰνεύς, Οἰνέως, ὁ: Oineus, father of Meleager
παρεκδύω: to strip off
περιβλέπω: to look round about, gaze around
πιθανός, -ή, -όν: persuasive
πλῆθος, -εος, τό: a crowd, multitude
σῦς, συός, ὁ: a wild boar
ὑπερφυής, -ές: overgrown, enormous
ὑποτρέμω: to tremble a little
χώρα, ἡ: a land

πιθανὰ: nom. pred., "seemed *persuasive* to you"
οὐ κληθεῖσα: aor. part. pass. of **καλέω** supplementing **ἠγανάκτησεν**, "annoyed at *not being invited*"
σῦν τινα ὑπερφυᾶ: acc., "an enormous boar" see *Iliad* 9, 533
τὴν ἀλκὴν: acc. of respect, " irresistible *in strength*"
ἐπαφῆκεν: aor. of ἐπι-ἀπο-ἵημι, "she *set upon* his land"
πέπεικε: perf. of **πείθω**, "has Homer persuaded you?"
ὁ δ' ἡμέτερος: "our man" i.e. Timocles
ἀπορρίψων: fut. part. supplementing **δῆλός ἐστιν**, "he is clearly *about to throw down* his shield" i.e. concede defeat and flee
οἷ ... ἀποδράσεται: fut. in ind. quest., "whither he will run"
παρεκδὺς: aor. part. of **παρα-εκ-δύω**, "having stripped"

ΤΙΜΟΚΛΗΣ:

Οὐδ' Εὐριπίδης ἄρα σοι δοκεῖ λέγειν τι ὑγιές, ὁπόταν αὐτοὺς ἀναβιβασάμενος τοὺς θεοὺς ἐπὶ τὴν σκηνὴν δεικνύῃ σώζοντας μὲν τοὺς χρηστοὺς τῶν ἡρώων, τοὺς πονηροὺς δὲ καὶ κατὰ σὲ τὴν ἀσέβειαν ἐπιτρίβοντας;

ΔΑΜΙΣ:

Ἀλλ', ὦ γενναιότατε φιλοσόφων Τιμόκλεις, εἰ ταῦτα ποιοῦντες οἱ τραγῳδοὶ πεπείκασί σε, ἀνάγκη δυοῖν θάτερον, ἤτοι Πῶλον καὶ Ἀριστόδημον καὶ Σάτυρον ἡγεῖσθαί σε θεοὺς εἶναι τότε ἢ τὰ πρόσωπα τῶν θεῶν αὐτὰ καὶ τοὺς ἐμβάτας καὶ τοὺς ποδήρεις χιτῶνας καὶ χλαμύδας καὶ χειρῖδας

ἀναβιβάζω: to cause to mount
ἀνάγκη, ἡ: force, constraint, necessity
ἀσέβεια, ἡ: impiety
γενναῖος, -α, -ον: noble
δείκνυμι: to bring to light, display
ἐμβάτης: a half-boot used in tragedy, usually called a **κόθορνυς**
ἐπιτρίβω: to crush
ἡγέομαι: to think
ἥρως, ὁ: warrior, hero
ἤτοι ... ἤ: either ... or
θάτερον (=τό ἕτερον): the one (of two)

ποδήρης, -ες: reaching to the feet
πονηρός, -ά, -όν: wicked
πρόσωπον, τό: the face, a tragic mask
σκηνή, ἡ: a stage
σώζω: to save
τραγῳδός, ὁ: a tragic poet
ὑγιής, -ές: sound, healthy
φιλόσοφος, ὁ: a philosopher
χειρίς, -ῖδος, ἡ: a glove
χιτών, -ῶνος, ὁ: a tunic
χλαμύς, -ύδος, ἡ: a short mantle
χρηστός, -ή, -όν: useful, good

οὐδ' Εὐριπίδης ἄρα: expecting an affirmative answer, "*does Euripides not seem?*"
ὁπόταν ... δεικνύῃ: pres. subj. in general temporal clause, "whever he displays"
ἀναβιβασάμενος: aor. part., "having caused to mount"
σώζοντας ... ἐπιτρίβοντας: pres. part. circumstantial, "shows them *saving ... crushing*"
κατὰ σὲ: "according to you"
ποιοῦντες: pres. part. instrumental, "if *by doing* these things"
πεπείκασι: perf. of πείθω, "*they have persuaded* you"
δυοῖν: gen. dual, "necessary that one *of two things*"
Πῶλον ... Σάτυρον: three tragic actors
ἡγεῖσθαι: pres. inf. after ἀνάγκῃ, "necessary either *that they thought*"
σε ... ἢ τὰ πρόσωπα: acc. subjects of εἶναι in ind. st. after ἡγεῖσθαι, "thought *that they themselves ... or the masks* were gods"
ἐμβάτας καὶ τοὺς ποδήρεις χιτῶνας καὶ χλαμύδας καὶ χειρῖδας καὶ τὰ πρόσωπα ... προγαστρίδια: a list of theatrical costume equipment all in the acc. and subject of εἶναι

καὶ προγαστρίδια καὶ τἆλλα οἷς ἐκεῖνοι σεμνύνουσι τὴν τραγῳδίαν, ὅπερ καὶ γελοιότατον· ἐπεὶ καθ' ἑαυτὸν ὁπόταν ὁ Εὐριπίδης, μηδὲν ἐπειγούσης τῆς χρείας τῶν δραμάτων, τὰ δοκοῦντά οἱ λέγῃ, ἀκούσῃ αὐτοῦ τότε παρρησιαζομένου,

    ὁρᾷς τὸν ὑψοῦ τόνδ' ἄπειρον αἰθέρα
    καὶ γῆν πέριξ ἔχονθ' ὑγραῖς ἐν ἀγκάλαις;
    τοῦτον νόμιζε Ζῆνα, τόνδ' ἡγοῦ θεόν.

καὶ πάλιν,

    Ζεύς, ὅστις ὁ Ζεύς, οὐ γὰρ οἶδα, πλὴν λόγῳ
    κλύων.

καὶ τὰ τοιαῦτα.

ἀγκάλη, ἡ: an embrace
αἰθήρ, -έρος, ὁ: ether, the sky
ἄπειρος, -ον: boundless, infinite
γέλοιος, -α, -ον: laughable
γῆ, ἡ: earth
δοκέω: to seem good to
δρᾶμα, -ατος, τό: a drama, play
ἐπείγω: to constrain
ἡγέομαι: to go before, lead the way
νομίζω: to think, believe

παρρησιάζομαι: to speak freely
πέριξ: round about, all round
πλήν: except
προγαστρίδιον, -ου, τό: a false paunch worn by actors
σεμνύνω: to exalt, magnify
τραγῳδία, ἡ: a tragedy
ὑγρός, -ά, -όν: wet, moist
ὑψοῦ (adv.): aloft, on high
χρεία, ἡ: use, requirement

καθ' ἑαυτὸν: "by himself" i.e. in private, although Timocles cites below only lines from Euripides' plays to assert his "private" ideas
ὁπόταν ... λέγῃ: pres. subj. in general temporal clause, "when(ever) he says"
ἐπειγούσης: pres. part. in gen. abs., "the requirement *not constraining*"
οἱ: dat., "seems good *to him*"
ἀκούσῃ: fut., "you will hear" + gen. of source
ὁρᾷς τὸν: these three lines are from an unknown play of Euripides *TGrF* 5.2, 941
ἔχονθ': pres. part. agreeing with **αἰθέρα**, "the sky *holding* earth"
Ζῆνα: acc. pred., "believe this to be *Zeus*"
ἡγοῦ: pres. imper., "*think* this!"
Ζεύς, ὅστις: there lines are from the lost *Melanippe* of Euripides *TGrF* 5, 480
κλύων: pres. part. instrumental, "except *by hearing* a story" i.e. by hearsay

ΤΙΜΟΚΛΗΣ:

Οὐκοῦν ἅπαντες ἄνθρωποι καὶ τὰ ἔθνη ἐξηπάτηνται θεοὺς νομίζοντες καὶ πανηγυρίζοντες;

ΔΑΜΙΣ:

Εὖ γε, ὦ Τιμόκλεις, ὅτι με ὑπέμνησας τῶν κατὰ ἔθνη νομιζομένων, ἀφ' ὧν μάλιστα συνίδοι τις ἂν ὡς οὐδὲν βέβαιον ὁ περὶ θεῶν λόγος ἔχει· πολλὴ γὰρ ἡ ταραχὴ καὶ ἄλλοι ἄλλα νομίζουσι, Σκύθαι μὲν ἀκινάκῃ θύοντες καὶ Θρᾷκες Ζαμόλξιδι, δραπέτῃ ἀνθρώπῳ ἐκ Σάμου ὡς αὐτοὺς ἥκοντι, Φρύγες δὲ Μήνῃ καὶ Αἰθίοπες Ἡμέρᾳ καὶ Κυλλήνιοι Φάλητι καὶ Ἀσσύριοι περιστερᾷ καὶ Πέρσαι πυρὶ καὶ Αἰγύπτιοι ὕδατι.

Αἰγύπτιοι, οἱ: the Egyptians
Αἰθίοψ, -οπος, ὁ: an Aethiopian
ἀκινάκης, -ου, ὁ: a short straight sword, by which Scythians swore oaths
Ἀσσύριοι, οἱ: the Assyrians
βέβαιος, -α, -ον: firm, certain
δραπέτης, -ου, ὁ: a runaway slave
ἔθνος, -εος, τό: a group of people, nation
ἐξαπατάω: to deceive or beguile thoroughly
Ζαμόλξις, -ιδος, ὁ: Zalmoxis
ἥκω: to have come
Ἡμέρα, ἡ: day, personified as a god
Θρᾷξ, -κος, ὁ: a Thracian
θύω: to sacrifice to + dat
Κυλλήνιοι, οἱ: the Cyllenians of Arcadia

Μήν, -ου, ὁ: Men, an anatolian god
νομίζω: to believe, worship
οὐκοῦν: therefore, then, accordingly
πανηγυρίζω: to celebrate a festival for a god
περιστερά, ἡ: a dove, sacred to Assyrian Atagartis
Πέρσης, ὁ: a Persian
πῦρ, πυρός, τό: fire
Σάμος, ὁ: Samos, the home of Pythagoras
Σκύθης, -ου, ὁ: a Scythian
ταραχή, ἡ: disorder, confusion
ὕδωρ, ὕδατος, τό: water
ὑπομιμνήσκω: to remind of + gen
Φάλης, -ητος, ὁ: Phales, a phallic demi-god
Φρύξ, -γος, ὁ: a Phrygian

ἐξηπάτηνται: perf. of ἐξ-απατάω, "all *have been deceived*"
ὑπέμνησας: aor., "that *you reminded* me of" + gen.
κατὰ ἔθνη: "nation by nation"
συνίδοι: aor. opt. ποτ. of συν-εῖδον, "someone *might discern*"
βέβαιον: acc. pred., "has nothing *certain*"
πολλὴ: nom. pred., "confusion is *much*"
ἥκοντι: pres. part. dat., "a runaway *coming* to them" cf. Herodotus 4, 93; he was reputed to be a former slave of Pythagoras of Samos

καὶ τοῦτο μὲν ἅπασι κοινὸν τοῖς Αἰγυπτίοις τὸ ὕδωρ, ἰδίᾳ δὲ Μεμφίταις μὲν ὁ βοῦς θεός, Πηλουσιώταις δὲ κρόμμυον, καὶ ἄλλοις ἶβις ἢ κροκόδειλος καὶ ἄλλοις κυνοκέφαλος ἢ αἴλουρος ἢ πίθηκος· καὶ ἔτι κατὰ κώμας τοῖς μὲν ὁ δεξιὸς ὦμος θεός, τοῖς δὲ κατ' ἀντιπέρας οἰκοῦσιν ἅτερος· καὶ ἄλλοις κεφαλῆς ἡμίτομον, καὶ ἄλλοις ποτήριον κεραμεοῦν ἢ τρύβλιον. ταῦτα πῶς οὐ γέλως ἐστίν, ὦ καλὲ Τιμόκλεις;

ΜΩΜΟΣ:

Οὐκ ἔλεγον, ὦ θεοί, ταῦτα πάντα ἥξειν εἰς τοὐμφανὲς καὶ ἀκριβῶς ἐξετασθήσεσθαι;

αἴλουρος, ὁ: a cat
ἀκριβῶς: exactly, closely
ἀντιπέρας (adv.): on the other side (of the river)
βοῦς, ὁ: a bull (Apis)
γέλως, γέλωτος, ὁ: an occasion for laughter
δεξιός, -ά, -όν: on the right side
ἐμφανής, -ές: manifest, out in the open
ἐξετάζω: to examine well, scrutinize
ἥκω: to have come
ἡμίτομον, τό: a half
ἶβις, ἡ: the ibis, associated with Thoth
ἰδίᾳ: individually
κεραμεοῦς, -ᾶ, -οῦν: of clay
κεφαλή, ἡ: the head
κοινός, -ή, -όν: common to (+ dat.)
κροκόδειλος, ὁ: the crocodile, associated with Sobek
κρόμμυον, τό: an onion
κυνοκέφαλος, -ον: dog-headed (Anubis)
κώμη, ἡ: country town
Μεμφίτης, ὁ: a resident of Memphis
οἰκέω: to inhabit, occupy
Πηλουσιώτης, ὁ: a resident of Pelusion
πίθηκος, ὁ: an ape, monkey
ποτήριον, τό: a drinking-cup
τρύβλιον, τό: a cup, bowl
ὦμος, ὁ: a shoulder

τοῦτο ... τὸ ὕδωρ: nom. subject, "*this water* is common"
ὁ βοῦς: the Apis bull of Memphis; Greeks and Romans were fascinated and appalled at the many animal forms of Egyptian gods
κατὰ κώμας: "village by village"
τοῖς δὲ ... οἰκοῦσιν: pres. part. dat. pl., *to those living* on the other side
ἅτερος (= ὁ ἕτερος): "*the other* shoulder"
Οὐκ ἔλεγον: expecting an affirmative answer, "wasn't I telling you?"
ἥξειν: fut. inf. in ind. st., 'telling *that* these *would come*"
εἰς τοὐμφανὲς: crasis for τὸ ἐμφανὲς, "will come *into the open*"
ἐξετασθήσεσθαι: fut. inf. pass. also in ind. st., "that they would be scrutinized"

ΖΕΥΣ:

Ἔλεγες, ὦ Μῶμε, καὶ ἐπετίμας ὀρθῶς, καὶ ἔγωγε πειράσομαι ἐπανορθώσασθαι αὐτά, ἢν τὸν ἐν ποσὶ τοῦτον κίνδυνον διαφύγωμεν.

ΤΙΜΟΚΛΗΣ:

Ἀλλ', ὦ θεοῖς ἐχθρὲ σύ, τοὺς χρησμοὺς καὶ προαγορεύσεις τῶν ἐσομένων τίνος ἔργον ἂν εἴποις ἢ θεῶν καὶ τῆς προνοίας τῆς ἐκείνων;

ΔΑΜΙΣ:

Σιώπησον, ὦ ἄριστε, περὶ τῶν χρησμῶν, ἐπεὶ ἐρήσομαί σε τίνος αὐτῶν μάλιστα μεμνῆσθαι ἀξιοῖς; ἆρ' ἐκείνου

ἀξιόω: to deem worthy of (+ *inf.*)
ἆρα: particle introducing a question
διαφεύγω: to get away from, escape
εἶπον: to speak, say (*aor.*)
ἐπανορθόω: to restore
ἐπιτιμάω: to judge
ἐρέω: to ask, enquire
ἐχθρός, -ά, -όν: hateful to (+ *dat.*)
κίνδυνος, ὁ: a danger

μιμνῄσκομαι: to remember (+ *gen.*)
ὀρθῶς: correctly
πειράω: to attempt to + inf
πούς, ποδός, ὁ: a foot
προαγόρευσις, -εως, ἡ: a prediction
πρόνοια, ἡ: foresight, foreknowledge
σιωπάω: to be silent
χρησμός, ὁ: oracular response, oracle

ἐπανορθώσασθαι: aor. inf. mid. after πειράσομαι, "try to restore"
ἢν ... διαφύγωμεν: aor. subj. in future more vivid protasis, "if we escape"
τὸν ἐν ποσί: "the danger *at our feet*"
τῶν ἐσομένων: fut. part. of εἰμί, "predictions of things about to be" i.e. the future
τίνος ἔργον: "whose work?"
εἴποις: aor. opt. pot., "would you say?"
Σιώπησον
ἐρήσομαι: fut. of ἐρέω, "I will ask"
τίνος: gen. after μεμνῆσθαι introducing ind. quest, "*whom* do you deem it worthy to remember?"
μεμνῆσθαι: perf. inf. after ἀξιοῖς
ἆρ' ἐκείνου: gen., "*do* (you deem it worthy to remember) *that one?*"

ὃν τῷ Λυδῷ ὁ Πύθιος ἔχρησεν, ὃς ἀκριβῶς ἀμφήκης ἦν καὶ διπρόσωπος, οἷοί εἰσι τῶν Ἑρμῶν ἔνιοι, διττοὶ καὶ ἀμφοτέρωθεν ὅμοιοι πρὸς ὁπότερον ἂν αὐτῶν μέρος ἐπιστραφῇς; ἢ τί γὰρ μᾶλλον ὁ Κροῖσος διαβὰς τὸν Ἅλυν τὴν αὑτοῦ ἀρχὴν ἢ τὴν Κύρου καταλύσει; καίτοι οὐκ ὀλίγων ταλάντων ὁ Σαρδιανὸς ἐκεῖνος ὄλεθρος τὸ ἀμφιδέξιον τοῦτο ἔπος ἐπρίατο.

ἀκριβῶς: accurately, exactly
Ἅλυς, ὁ: the Halys River separating Lydia from Persia
ἀμφήκης, -ες: two-edged
ἀμφιδέξιος, -ον: ambiguous
ἀμφοτέρωθεν: on both sides
ἀρχή, ἡ: an empire
διαβαίνω: to cross, ford (a river)
διπρόσωπος, -ον: two-faced
διττός, -ή, -όν: two-fold, double
ἔνιοι, -α,: some
ἐπιστρέφω: to turn about, turn round
ἔπος, -εος, τό: an utterance
ἐπριάμην: to buy (*aor.*)
καίτοι: and yet

καταλύω: to put down, destroy
Κροῖσος, ὁ: Croesus, king of Lydia
Κῦρος, ὁ: Cyrus, king of Persia
Λυδός, ὁ: a Lydian
μέρος, -εος, τό: a part, share
οἷος, -α, -ον: of such a kind
ὄλεθρος, ὁ: ruin, destruction
ὀλίγος, -η, -ον: small
ὅμοιος, -α, -ον: alike
ὁπότερος, -α, -ον: which of two
Πύθιος, -α, -ον: the Pythian = Apollo
Σαρδιανὸς, ὁ: someone from Sardis
τάλαντον, τό: a weight of money, talent
χράω: to give an oracle

τῷ Λυδῷ: "to the Lydian" i.e. Croesus, the famous ambiguous oracle about destroying an empire. Herodotus, *Histories* 1,53

τῶν Ἑρμῶν: "some *of the Herms*" i.e. two-faced statues of Hermes used as boundary markers

ὁπότερον ἂν ... ἐπιστραφῇς: aor. subj. in general relative clause, "which ever side you turn round"

τί γὰρ ... καταλύσει: fut., "for why will he destroy?"

μᾶλλον ... ἢ: "his own *rather than* Cyrus' empire?"

διαβὰς: aor. part. instrumental of δια-βαίνω, "*by having crossed* the Halys river"

οὐκ ὀλίγων ταλάντων: "not a few talents" Croesus' gifts to Delphi were legendary

ὁ Σαρδιανὸς ἐκεῖνος: "that famous citizen of Sardis" i.e. Croesus

ΜΩΜΟΣ:

Αὐτά που, ὦ θεοί, ἀνὴρ διεξέρχεται λέγων ἃ ἐδεδίειν μάλιστα. ποῦ νῦν ὁ καλὸς ἡμῖν κιθαρῳδός; ἀπολόγησαι αὐτῷ κατελθὼν πρὸς ταῦτα.

ΖΕΥΣ:

Σὺ ἡμᾶς ἐπισφάττεις, ὦ Μῶμε, οὐκ ἐν καιρῷ νῦν ἐπιτιμῶν.

ΤΙΜΟΚΛΗΣ:

Ὅρα οἷα ποιεῖς, ὦ ἀλιτήριε Δᾶμι, μονονουχὶ τὰ ἕδη αὐτὰ τῶν θεῶν ἀνατρέπεις τῷ λόγῳ καὶ βωμοὺς αὐτῶν.

ΔΑΜΙΣ:

Οὐ πάντας ἔγωγε τοὺς βωμούς, ὦ Τιμόκλεις. τί γὰρ καὶ δεινὸν ἀπ' αὐτῶν γίγνεται, εἰ θυμιαμάτων καὶ εὐωδίας μεστοί εἰσι; τοὺς δὲ ἐν Ταύροις τῆς Ἀρτέμιδος ἡδέως ἂν ἐπεῖδον

ἀλιτήριος, -ον: sinning or offending against
ἀνατρέπω: to overturn, upset
ἀνήρ, ἀνδρός, ὁ: a man
ἀπολογέομαι: to defend (+ dat.)
Ἄρτεμις, -ιδος, ἡ: Artemis
βωμός, ὁ: an altar
γίγνομαι: to happen
δέδια: to fear (*perf.*)
δεινός, -ή, -όν: fearful, terrible
διεξέρχομαι: to go through, narrate
ἕδος, -εος, τό: a seat
ἐπεῖδον: to look upon, behold (*aor.*)

ἐπισφάττω: to slaughter
ἐπιτιμάω: to lay a value upon, judge
εὐωδία, ἡ: a sweet smell
ἡδέως: sweetly
θυμίαμα, -ατος, τό: incense
καιρός, ὁ: the proper time
καλός, -ή, -όν: handsome, good?
κατῆλθον: to go down from (*aor.*)
κιθαρῳδός, ὁ: one who plays and sings to the cithara, a harper
μεστός, -ή, -όν: full of (+ *gen.*)
μονονουχὶ: not only

αὐτά: neut. pl., "the very things"
ἃ ἐδεδίειν: plupf. with imperfect meaning, "things *which I was fearing*"
ὁ καλὸς ἡμῖν κιθαρῳδός: "our handsome harper" i.e. Apollo
κατελθών: aor. part., "you, *having gone down*"
ἐπιτιμῶν: pres. part. instrumenta, "slaughter *by judging*"
μονονουχὶ ... καὶ: "not only .. but also"
τοὺς δὲ ἐν Ταύροις: "the altars in Taurus" where a cult to Artemis practiced human sacrifice; cf. Euripides, *Iphigeneia in Taurus*

ἐκ βάθρων ἐπὶ κεφαλὴν ἀνατρεπομένους, ἐφ' ὧν τοιαῦτα ἡ παρθένος εὐωχουμένη ἔχαιρεν.

ΖΕΥΣ:

Τουτὶ πόθεν ἡμῖν τὸ ἄμαχον κακὸν ἐπιχεῖ; ὡς δαιμόνων οὐδενὸς ἀνὴρ φείδεται, ἀλλ' ἐξ ἁμάξης παρρησιάζεται καὶ μάρπτει ἐξείης, ὅς τ' αἴτιος ὅς τε καὶ οὐκί.

ΜΩΜΟΣ:

Καὶ μὴν ὀλίγους ἄν, ὦ Ζεῦ, τοὺς ἀναιτίους εὕροις ἐν ἡμῖν· καί που τάχα προϊὼν ὁ ἄνθρωπος ἅψεται καὶ τῶν κορυφαίων τινός.

αἴτιος, -α, -ον: blameworthy, culpable
ἅμαξα, ἡ: a wagon
ἄμαχος, -ον: unable to be resisted, insufferable
ἀναίτιος, -ον: not culpable
ἀνατρέπω: to overturn, upset
ἅπτω: to fasten upon (+ gen.)
βάθρον, τό: a foundation
δαίμων, -ονος, ὁ: a divinity
ἐξείης: one after another
ἐπιχέω: to pour over
εὑρίσκω: to find

εὐωχέω: to feed well, entertain sumptuously
κακός, -ή, -όν: bad
κεφαλή, ἡ: the head, top
κορυφαῖος, ὁ: the chief, leader
μάρπτω: to catch, seize
παρθένος, ἡ: a maid, maiden, virgin, girl
παρρησιάζομαι: to speak freely, openly, boldly
πόθεν: whence?
τάχα: quickly
φείδομαι: to spare (+ gen.)
χαίρω: to rejoice, be glad, be delighted

ἐπεῖδον: aor. in past contrafactual, "I would have liked to behold"
ἀνατρεπομένους: pres. part. pass. after ἐπεῖδον, "behold them *being overturned*"
ἐφ' ὧν: "altars *upon which*"
εὐωχουμένη: pres. part. supplementing ἔχαιρεν, "she used to enjoy *feeding well*" sarcastic
πόθεν ... ἐπιχεῖ: "from where does he pour upon?" i.e. where does he find this?
ἐξ ἁμάξης: "speaks out *from a wagon*" i.e. abusive ribaldry, such as was allowed to the women as they were taken in wagons to the Eleusinian mysteries
μάρπτει ... οὐκί: *Iliad* 15, 137
καὶ μὴν: marking a climax, "moreover"
εὕροις: aor. opt. pot., "*you would find* few"
που τάχα: "perhaps soon"
προϊὼν: pres. part., "he *advancing*"

ΤΙΜΟΚΛΗΣ:

Οὐδὲ βροντῶντος ἄρα τοῦ Διὸς ἀκούεις, ὦ θεομάχε Δᾶμι;

ΔΑΜΙΣ:

Καὶ πῶς οὐ μέλλω βροντῆς ἀκούειν, ὦ Τιμόκλεις; εἰ δ᾽ ὁ Ζεὺς ὁ βροντῶν ἐστι, σὺ ἄμεινον ἂν εἰδείης ἐκεῖθέν ποθεν παρὰ τῶν θεῶν ἀφιγμένος· ἐπεὶ οἵ γε ἐκ Κρήτης ἥκοντες ἄλλα ἡμῖν διηγοῦνται, τάφον τινὰ κεῖθι δείκνυσθαι καὶ στήλην ἐφεστάναι δηλοῦσαν ὡς οὐκέτι βροντήσειεν ἂν ὁ Ζεὺς πάλαι τεθνεώς.

ἀμείνων, -ον: better
ἀφικνέομαι: to come to
βροντάω: to thunder
βροντή, ἡ: thunder
δείκνυμι: to point out, exhibit
δηλόω: to make clear
διηγέομαι: to describe in full
ἐκεῖθεν: from that place, thence
ἐφίστημι: to set or place upon
ἥκω: to have come
θεομάχος, -ον: god-fighting
κεῖθι: in that place
Κρήτη, ἡ: Crete
μέλλω: to be likely to (+ *inf.*)
οὐκέτι: no more, no longer
πάλαι: long ago
στήλη, ἡ: a stele, grave marker
τάφος, ὁ: tomb

τοῦ Διὸς: gen. of source, "do you hear *Zeus* thundering"
πῶς οὐ μέλλω: "how would it be not likely?" a rhetorical question
ὁ βροντῶν: pres. part. predicate, "if Zeus is *the one thundering*"
εἰδείης: perf. opt. pot., "*you would know* better"
ἀφιγμένος: perf. part., "you, *having arrived* from there"
ἐπεὶ οἵ γε: "*and yet those* from Crete"
δείκνυσθαι: pres. inf. pass. in ind. st., "that a tomb *is pointed out*"
ἐφεστάναι: perf. inf. intransitive of ἐπι-ἵστημι also in ind. st., "and that a grave marker *stands*"
δηλοῦσαν: pres. part. agreeing with στήλην, "a marker *making it clear*"
βροντήσειεν: aor. opt. pot. in ind. st., "that he no longer *could thunder*"
τεθνεώς: perf. part. causal, "since being dead"

Zeus the Tragedian

ΜΩΜΟΣ:

Τοῦτ' ἐγὼ πρὸ πολλοῦ ἠπιστάμην ἐροῦντα τὸν ἄνθρωπον. τί δ' οὖν, ὦ Ζεῦ, ὠχρίακας ἡμῖν καὶ συγκροτεῖς τοὺς ὀδόντας ὑπὸ τοῦ τρόμου; θαρρεῖν χρὴ καὶ τῶν τοιούτων ἀνθρωπίσκων καταφρονεῖν.

ΖΕΥΣ:

Τί λέγεις, ὦ Μῶμε; καταφρονεῖν; οὐχ ὁρᾷς ὅσοι ἀκούουσι καὶ ὡς συμπεπεισμένοι εἰσὶν ἤδη καθ' ἡμῶν καὶ ἀπάγει αὐτοὺς ἀναδησάμενος τῶν ὤτων ὁ Δᾶμις;

ΜΩΜΟΣ:

Ἀλλὰ σύ, ὦ Ζεῦ, ὁπόταν θελήσῃς, σειρὴν χρυσείην καθεὶς ἅπαντας αὐτοὺς

αὐτῇ κεν γαίῃ ἐρύσαις αὐτῇ τε θαλάσσῃ.

ἀναδέω: to bind or tie up
ἀνθρωπίσκος, -ον: human
ἀπάγω: to lead away, carry off
γαῖα, ἡ: earth
ἐθέλω: to will, wish, purpose
ἐπίσταμαι: to know
ἐρέω: to say or speak (*fut.*)
ἐρύω: to drag, draw
θάλασσα, ἡ: the sea
θαρρέω: to be of good courage.
καθίημι: to send down, let fall

καταφρονέω: to despise (+ *gen.*)
κεν: = ἄν in Homer
ὀδούς, -όντος, ὁ: tooth
ὅσος, -η, -ον: how much, how many
οὖς, ὠτός, τό: an ear
σειρά, ἡ: a cord, rope
συγκροτέω: to strike together, gnash
συμπείθω: to win by persuading
τρόμος, ὁ: a trembling, quaking
χρύσειος, -η, -ον: golden
ὠχριάω: to be pallid

πρὸ πολλοῦ (sc. χρόνου): "before much time" i.e. far in advance
ἐροῦντα: fut. part. in ind. st. after ἠπιστάμην, "knew *that he would say*"
ὠχρίακας: perf., "why *have you become pale?*"
συμπεπεισμένοι εἰσὶν: periphrastic perf. pass., "see how *they have allowed themselves to be persuaded*"
καθ' ἡμῶν: "against us"
ἀναδησάμενος: aor part. mid., "having bound them"
τῶν ὤτων: gen., "bound them *by the ears*"
ὁπόταν θελήσῃς: aor. subj. in general temproal clause, "whever you wish"
καθεὶς: aor. part. of κατα-ἵημι, "you *having let down*""
κεν (= ἄν) ἐρύσαις: aor. opt. pot., "you could draw up" cf. *Iliad* 8, 24
αὐτῇ γαίῃ ... αὐτῇ θαλάσσῃ: "draw them up *earth, sky and all*

ΤΙΜΟΚΛΗΣ:

Εἰπέ μοι, ὦ κατάρατε, πέπλευκας ἤδη ποτέ;

ΔΑΜΙΣ:

Καὶ πολλάκις, ὦ Τιμόκλεις.

ΤΙΜΟΚΛΗΣ:

Οὔκουν ἔφερε μὲν ὑμᾶς τότε ἢ ἄνεμος ἐμπίπτων τῇ ὀθόνῃ καὶ ἐμπιπλὰς τὰ ἀκάτια ἢ οἱ ἐρέττοντες, ἐκυβέρνα δὲ εἷς τις ἐφεστὼς καὶ ἔσωζε τὴν ναῦν;

ΔΑΜΙΣ:

Καὶ μάλα.

ΤΙΜΟΚΛΗΣ:

Εἶτα ἡ ναῦς μὲν οὐκ ἂν ἔπλει μὴ κυβερνωμένη, τὸ δὲ ὅλον τοῦτο ἀκυβέρνητον οἴει καὶ ἀνηγεμόνευτον φέρεσθαι;

ἀκάτιον, τό: a small sail
ἀκυβέρνητος, -ον: without a pilot
ἄνεμος, ὁ: wind
ἀνηγεμόνευτος, -ον: without leader
εἷς, μία, ἕν: one
ἐμπίμπλημι: to fill quite full
ἐμπίτνω: fall upon (+ *dat.*)
ἐρέττω: to row
ἐφίστημι: to set upon, put in charge
κατάρατος, -ον: accursed, abominable
κυβερνάω: to pilot
ναῦς, ἡ: a ship
ὀθόνη, ἡ: sail-cloth
οὔκουν: not therefore, so not
πλέω: to sail, go by sea
πολλάκις: many times
σωζω: to save
φέρω: to bear

πέπλευκας: perf., "have you sailed?"
οὔκουν: introducing a reply to an opening offered by a response, "well, and then isn't it the case that …?"
ἢ οἱ ἐρέττοντες (sc. φέρονται): "*or those rowing* were carrying"
ἐφεστὼς: perf. part. of ἐπι-ἵστημι intransitive, "someone *having been put in charge*"
οὐκ ἂν ἔπλει: impf. in present contrafactual apodosis, "it would not be sailing"
μὴ κυβερνωμένη: pres. part. conditional, representing impf. in present contrafactual protasis, "if it were not being steered"
τὸ δὲ ὅλον τοῦτο: "this whole (cosmos)"

ΖΕΥΣ:

Εὖ γε, συνετῶς ὁ Τιμοκλῆς ταῦτα καὶ ἰσχυρῷ τῷ παραδείγματι.

ΔΑΜΙΣ:

Ἀλλ', ὦ θεοφιλέστατε Τιμόκλεις, τὸν μὲν κυβερνήτην ἐκεῖνον εἶδες ἂν ἀεὶ τὰ συμφέροντα ἐπινοοῦντα καὶ πρὸ τοῦ καιροῦ παρασκευαζόμενον καὶ προστάττοντα τοῖς ναύταις, ἀλυσιτελὲς δὲ οὐδὲ ἄλογον οὐδέν τι εἶχεν ἡ ναῦς ὃ μὴ χρήσιμον πάντως καὶ ἀναγκαῖον ἦν πρὸς τὴν ναυτιλίαν αὐτοῖς· ὁ δὲ σὸς οὗτος κυβερνήτης, ὃν τῇ μεγάλῃ ταύτῃ νηῒ ἐφεστάναι ἀξιοῖς, καὶ οἱ συνναῦται αὐτοῦ οὐδὲν εὐλόγως οὐδὲ κατὰ τὴν

ἄλογος, -ον: without reason
ἀλυσιτελής, -ές: unprofitable
ἀναγκαῖος, -α, -ον: necessary
ἀξιόω: to deem worthy (+ *inf.*)
ἐπινοέω: to think on or of, contrive
εὔλογος, -ον: reasonable, sensible
ἐφίστημι: to put in charge of
θεοφιλής, -ές: dear to the gods
ἰσχυρός, -ά, -όν: strong, mighty
καιρός, ὁ: the proper time
κυβερνήτης, -ου, ὁ: a pilot
ναῦς, ἡ: a ship

ναύτης, -ου, ὁ: a sailor
ναυτιλία, ἡ: sailing, seamanship
πάντως: altogether
παράδειγμα, -ατος, τό: a comparison
παρασκευάζω: to get ready, prepare
προστάττω: to arrange, give assignments to X (*dat.*)
συμφέρον, -οντος, τό: what is useful
συνετῶς: intelligently, wisely
συνναύτης, -ου, ὁ: a shipmate
χρήσιμος, -η, -ον: useful, serviceable

ταῦτα: acc. of respect, "in these matters"
εἶδες ἂν: aor. in past contrafactual apodosis, "you would have seen"
ἐπινοοῦντα ... παρασκευαζόμενον ... προστάττοντα: pres. part. acc. circumstantial, "have seen him *thinking about ... preparing ... arranging*"
εἶχεν (sc. ἄν): impf. in pres. contrafactual, "and the ship *would have* nothing"
ὃ μὴ ... ἦν: relative clause with conditional sense, "which would not be"
ὁ δὲ σὸς οὗτος κυβερνήτης: contrasting to τὸν μὲν κυβερνήτην above, "but this other pilot of yours" i.e. the god
ταύτῃ νηΐ: dat. after ἐφεστάναι, "this great ship" i.e. the cosmos
ἐφεστάναι: perf. inf. of ἐφίστημι complementing ἀξιοῖς, "whom you deem worthy *to have been put in charge of*" + dat.
καὶ οἱ συνναῦται: "and his mates" i.e. the other gods

ἀξίαν διατάττουσιν, ἀλλ' ὁ μὲν πρότονος, εἰ τύχοι, ἐς τὴν πρύμναν ἀποτέταται, οἱ πόδες δ' ἐς τὴν πρῷραν ἀμφότεροι· καὶ χρυσαῖ μὲν αἱ ἄγκυραι ἐνίοτε, ὁ χηνίσκος δὲ μολυβδοῦς, καὶ τὰ μὲν ὕφαλα κατάγραφα, τὰ δὲ ἔξαλα τῆς νεὼς ἄμορφα.

καὶ αὐτῶν δὲ τῶν ναυτῶν ἴδοις ἂν τὸν μὲν ἀργὸν καὶ ἄτεχνον καὶ ἄτολμον πρὸς τὰ ἔργα διμοιρίτην ἢ τριμοιρίτην, τὸν δὲ κατακολυμβῆσαί τε ἄοκνον καὶ ἐπὶ τὴν κεραίαν ἀναπηδῆσαι ῥᾴδιον καὶ εἰδότα τῶν χρησίμων

ἄγκυρα, ἡ: anchor
ἄμορφος, -ον: misshapen, unsightly
ἀμφότερος, -α, -ον: both
ἀναπηδάω: to leap up, start up
ἀξία, ἡ: the worth or value
ἄοκνος, -ον: fearless to (+ *inf.*)
ἀποτείνω: to stretch out, extend
ἀργός, -ή, -όν: not working
ἄτεχνος, -ον: unskilled
ἄτολμος, -ον: cowardly
διατάττω: to dispose, arrange
διμοιρίτης, -ου, ὁ: an officer receiving double pay
ἐνίοτε: sometimes
ἔξαλος, -ον: out of the sea
ἔργον, τό: a deed, work
κατάγραφος, -ον: embroidered

κατακολυμβάω: to dive down
κεραία, ἡ: a yard-arm (of a ship)
μόλυβδος, ὁ: lead metal
πούς, ποδός, ὁ: a foot (of a sheet of sail), the lower corner
πρότονος, ὁ: the rope from the masthead to the forepart of a ship
πρύμνα, ἡ: the back of a ship, the stern
πρῷρα, ἡ: the forepart of a ship, bow
ῥᾴδιος, -α, -ον: ready to (+ *inf.*)
τριμοιρίτης, -ου, ὁ: an officer receiving triple pay
τυγχάνω: to hit upon, happen
ὕφαλος, -ον: under the sea
χηνίσκος, ὁ: a ship's figurehead
χρήσιμος, -η, -ον: useful, serviceable
χρύσεος, -ῆ, -οῦν: golden

κατὰ τὴν ἀξίαν: "in a worthy fashion"
εἰ τύχοι: aor. opt. parenthetical, "if it would be" i.e. maybe
ἀποτέταται: perf. of **ἀπο-τείνω**, "it has been attached"
πόδες ... ἀμφότεροι: "both feet" i.e. the two corners of the main sail
μολυβδοῦς: gen. of material, "of lead"
τὰ μὲν ὕφαλα: "the parts of the ship under water" and hence unseen vs. **τὰ ἔξαλα**, the parts out of the water
ἴδοις: aor. opt. pot., "you would see"
τὸν μὲν ... τὸν δὲ: acc. with the partitive gen., "of the sailers, *the one ... the (other) one*"
διμοιρίτην ἢ τριμοιρίτην (sc. **προστεταγμένον**): acc. pred. after **προστεταγμένον**, "that this one (has been appointed) *an officer*"
κατακολυμβῆσαί: aor. inf. epexegetic after **ἄοκνον**, "fearless *at diving down*"
ἀναπηδῆσαι: aor. inf. epexegetic after **ῥᾴδιον**, "ready *to leap up*"
εἰδότα: perf. part. attributive and subject of ind. st., "see that *the one who alone knows*"

ἕκαστα μόνον, τοῦτον ἀντλεῖν προστεταγμένον: τὰ δὲ αὐτὰ
καὶ ἐν τοῖς ἐπιβάταις, μαστιγίαν μέν τινα ἐν προεδρίᾳ παρὰ
τὸν κυβερνήτην καθήμενον καὶ θεραπευόμενον, καὶ ἄλλον
κίναιδον ἢ πατραλοίαν ἢ ἱερόσυλον ὑπερτιμώμενον καὶ τὰ
ἄκρα τῆς νεὼς κατειληφότα, χαρίεντας δὲ πολλοὺς ἐν μυχῷ
τοῦ σκάφους στενοχωρουμένους καὶ ὑπὸ τῶν πρὸς ἀλήθειαν
χειρόνων πατουμένους: ἐννόησον γοῦν ὅπως μὲν Σωκράτης
καὶ Ἀριστείδης ἔπλευσαν καὶ Φωκίων, οὐδὲ τὰ ἄλφιτα διαρκῆ

ἄκρον, -ον, τό: the highest point
ἀλήθεια, ἡ: the truth
ἄλφιτον, τό: bread
ἀντλέω: to bale out bilge-water
γοῦν: at least then, for example
διαρκής, -ές: quite sufficient
ἕκαστος, -η, -ον: each one, every one
ἐννοέω: to think, consider, reflect
ἐπιβάτης, -ου, ὁ: a passenger
θεραπεύω: to do service
ἱερόσυλος, ὁ: a temple-robber
κάθημαι: to be seated
καταλαμβάνω: to lay hold of, occupy
κίναιδος, ὁ: pervert
κυβερνήτης, -ου, ὁ: a pilot

μαστιγίας, -ου, ὁ: one that deserves whipping, a rogue
μόνος, -η, -ον: alone
μυχός, ὁ: the inmost nook or corner
ναῦς, νεώς, ἡ: a ship
πατέω: to tread upon, walk
πατραλοίας, -ου, ὁ: a parricide
πλέω: to sail, go by sea
προεδρία, ἡ: a privileged seat
προστάττω: to place or post at
σκάφος, -ους, τό: the hull of a ship
στενοχωρέω: to cram into a narrow space
Σωκράτης, ὁ: Socrates
ὑπερτιμάω: to honour exceedingly
χαρίεις, -εσσα, -εν: graceful, lovely
χείρων, ὁ: worse, meaner, inferior

προστεταγμένον: perf. part. in ind. st. after ἴδοις, "see that this one *has been appointed*"

τὰ δὲ αὐτὰ: "and the same things (happen)"

καθήμενον καὶ θεραπευόμενον: pres. part. also in ind. st. after ἴδοις, "that a scoundrel *to be seated and being served*"

ὑπερτιμώμενον: pres. part. also in ind. st. after ἴδοις, "that another *is being highly valued*"

κατειληφότα: perf. part. of κατα-λαμβάνω also in ind. st. after ἴδοις, "that he has occupied"

στενοχωρουμένους ... πατουμένους: pres. part. also in ind. st. after ἴδοις, "that lovely people *are being crammed ... are being tread upon*"

ὑπὸ τῶν ... χειρόνων: the agency expression, "by their inferiors"

πρὸς ἀλήθειαν: "truly"

ἐννόησον: aor. imper., "just think!"

ὅπως ... ἔπλευσαν: aor. in ind. quest. after ἐννόησον, "how they sailed"

Σωκράτης καὶ Ἀριστείδης καὶ Φωκίων: all virtuous Athenians famous for their modest life style ἔχοντες οὐδὲ ἀποτεῖναι τοὺς πόδας δυνάμενοι ἐπὶ γυμνῶν τῶν σανίδων παρὰ τὸν ἄντλον, ἐν ὅσοις δὲ ἀγαθοῖς Καλλίας καὶ Μειδίας καὶ Σαρδανάπαλλος, ὑπερτρυφῶντες καὶ τῶν ὑφ' αὑτοῖς καταπτύοντες.

Τοιαῦτα ἐν τῇ νηΐ σου γίνεται, ὦ σοφώτατε Τιμόκλεις· διὰ τοῦτο αἱ ναυαγίαι μυρίαι. εἰ δέ τις κυβερνήτης ἐφεστὼς ἑώρα καὶ διέταττεν ἕκαστα, πρῶτον μὲν οὐκ ἂν ἠγνόησεν οἵτινες οἱ χρηστοὶ καὶ οἵτινες οἱ φαῦλοι τῶν ἐμπλεόντων, ἔπειτα ἑκάστῳ κατὰ τὴν ἀξίαν τὰ προσήκοντα ἀπένειμεν ἄν, χώραν τε τὴν ἀμείνω τοῖς ἀμείνοσι παρ' αὑτὸν ἄνω,

---

ἀγαθός, -ή, -όν: good
ἀγνοέω: not to perceive or know
ἀμείνων, -ον: better
ἄντλος, ὁ: the hold of a ship
ἄνω: upwards
ἀξία, ἡ: the worth or value
ἀπονέμω: to portion out, impart, assign
ἀποτείνω: to stretch out, extend
γίνομαι: to happen
γυμνός, -ή, -όν: naked, bare
διατάττω: to appoint severally, dispose
ἐμπλέω: to sail in
ἔπειτα: next, secondly

ἐφίστημι: to place over
καταπτύω: to spit upon (+ gen.)
κάτω: down, downwards
μυρίος, -ος, -ον: numberless
ναυαγία, ἡ: shipwreck
προσήκω: to be fitting
πρῶτον: first of all
σανίς, -ίδος, ἡ: a board, plank
σοφός, -ή, -όν: wise, skillful
ὑπερτρυφάω: to be excessively luxurious
φαῦλος, -η, -ον: useless
χρηστός, -ή, -όν: useful, good
χώρα, ἡ: a place

ἀποτεῖναι: aor. inf. complementing δυνάμενοι, "not able *to stretch* their feet"
ἐν ὅσοις δὲ ἀγαθοῖς: "in what good (quareters)"
Καλλίας καὶ Μειδίας καὶ Σαρδανάπαλλος: all famous spendthrifts
τῶν ὑφ' αὑτοῖς: gen. after καταπτύοντες, "spitting on *those beneath them*"
ἐφεστὼς: perf. part. intransitive of ἐφίστημι, "having been appointed"
ἑώρα ... διέταττεν: impf. in present contrafactual protasis, "if a pilot *were watching* ... *were disposing*"
ἠγνόησεν: aor. in past contrafactual apodosis, "he would not have been ignorant"
οἱ χρηστοὶ ... οἱ φαῦλοι: nom. pred., "who were *the useful ... the useless*"
τὰ προσήκοντα: pres. part. attributive, "the befitting things"
ἀπένειμεν: aor. in past contrafactual apodosis, "he would have assigned"
τὴν ἀμείνω: acc. attrib., "the place *which is best*"

τὴν κάτω δὲ τοῖς χείροσι, καὶ συσσίτους ἔστιν οὓς καὶ συμβούλους ἐποιήσατ' ἄν, καὶ τῶν ναυτῶν ὁ μὲν πρόθυμος ἢ πρῴρας ἐπιμελητὴς ἀπεδέδεικτ' ἂν ἢ τοίχου ἄρχων ἢ πάντως πρὸ τῶν ἄλλων, ὁ δὲ ὀκνηρὸς καὶ ῥᾴθυμος ἐπαίετ' ἂν τῷ καλῳδίῳ πεντάκις τῆς ἡμέρας εἰς τὴν κεφαλήν. ὥστε σοι, ὦ θαυμάσιε, τὸ τῆς νεὼς τοῦτο παράδειγμα κινδυνεύει περιτετράφθαι κακοῦ τοῦ κυβερνήτου τετυχηκός.

ΜΩΜΟΣ:

Ταυτὶ μὲν ἤδη κατὰ ῥοῦν προχωρεῖ τῷ Δάμιδι καὶ πλησίστιος ἐπὶ τὴν νίκην φέρεται.

ἀποδείκνυμι: to appoint, proclaim	παράδειγμα, -ατος, τό: an example, parallel
ἄρχων, -οντος, ὁ: a chief, captain	πεντάκις: five times
ἐπιμελητής, -οῦ, ὁ: an overseer	περιτρέπω: to turn upside down, upset
ἡμέρα, ἡ: day	πλησίστιος, -ον: with wind filling the sails
θαυμάσιος, -ος, -ον: wondrous	πρόθυμος, -ον: ready, willing
κακός, -ή, -όν: bad	προχωρέω: to advance
καλῴδιον, τό: a small cord, whip	πρῴρα, ἡ: a ship's prow, bow
κεφαλή, ἡ: the head	ῥᾴθυμος, -ον: sluggish
κινδυνεύω: to run the risk (+ *inf.*)	ῥόος, ὁ: a stream
ναῦς, νεώς, ἡ: a ship	σύμβουλος, ὁ: an adviser, counsellor
νίκη, ἡ: victory	σύσσιτος, ὁ: a messmate
ὀκνηρός, -ά, -όν: shrinking, hesitating	τοῖχος, ὁ: the side of a ship
ὀρθῶς: correctly	τυγχάνω: to hit upon, happen
παίω: to strike, smite	φέρω: to bear
πάντως: at any rate, in any case	χείρων, χεῖρον: worse, inferior

ἔστιν οὕς: an idiom, "there are those whom"

ἐποιήσατο: aor. in past contrafactual apodosis, "whom *he would have made* messmates and advisors"

ὁ μὲν ... ὁ δὲ: nom. with the partitive gen., "of the sailors, *the one ... the (other) one*"

ἐπιμελητὴς: nom. pred. after ἀπεδέδεικτο, "been appointed (to be) *overseer*"

ἀπεδέδεικτο: plupf. pass. in past contrafactual apodosis, "would have been appointed"

ἐπαίετο: impf. in present contrafactual apodosis, "the hesitant one *would be being beaten*"

πεντάκις τῆς ἡμέρας: "five times a day"

περιτετράφθαι: perf. inf. pass. after κινδυνεύει, "runs the risk *of having been turned upside down*"

τετυχηκός: perf. part. of τυγχάνω in gen. abs. with causal force, "because the pilot *happened* to be bad"

κατὰ ῥοῦν: "down stream" i.e. easily

ΖΕΥΣ:

Ὀρθῶς, ὦ Μῶμε, εἰκάζεις. ὁ δ' οὐδὲν ἰσχυρὸν ὁ Τιμοκλῆς ἐπινοεῖ, ἀλλὰ τὰ κοινὰ ταῦτα καὶ καθ' ἡμέραν ἄλλα ἐπ' ἄλλοις εὐπερίτρεπτα πάντα ἐπαντλεῖ.

ΤΙΜΟΚΛΗΣ:

Οὐκοῦν ἐπεὶ τῆς νεὼς τὸ παράδειγμα οὐ πάνυ σοι ἰσχυρὸν ἔδοξεν εἶναι, ἄκουσον ἤδη τὴν ἱεράν, φασίν, ἄγκυραν καὶ ἣν οὐδεμιᾷ μηχανῇ ἀπορρήξεις.

ΖΕΥΣ:

Τί ποτε ἄρα καὶ ἐρεῖ;

ΤΙΜΟΚΛΗΣ:

Ἴδοις γὰρ εἰ ἀκόλουθα ταῦτα συλλογίζομαι, καὶ εἴ πῃ αὐτὰ δυνατόν σοι περιτρέψαι. εἰ γὰρ εἰσὶ βωμοί, εἰσὶ καὶ

ἄγκυρα, ἡ: anchor
ἀκόλουθος, -ον: following
ἀπορρήγνυμι: to break off, snap asunder
ἄρα: then
βωμός, ὁ: an altar
δυνατός, -ή, -όν: possible
εἰκάζω: to liken, speak figuratively
ἐπαντλέω: to pour over, flood
ἐπινοέω: to contrive

ἐρέω: to say or speak (*fut.*)
εὐπερίτρεπτος, -ον: easy to overturn
ἱερός, -α, -ον: sacred
ἰσχυρός, -ά, -όν: strong, valid
κοινός, -ή, -όν: commonplace
μηχανή, ἡ: a device
περιτρέπω: to overturn
πῃ: in some way, somehow
συλλογίζομαι: to infer by a syllogism

ὁ δ' ... ὁ Τιμοκλῆς: "for this Timocles"
καθ' ἡμέραν: "every day" i.e. ordinary
ἄλλα ἐπ' ἄλλοις: "one after another"
ἄκουσον: aor. imper.,, "listen!"
ἱεράν, φασίν, ἄγκυραν: "listen to my *sacred anchor, as they call it*" i.e. one's last hope
μηχανῇ: dat. of means, "with no device"
ἀπορρήξεις: fut., "you will break"
Ἴδοις: aor. opt. of wish, "I wish you would see"
εἰ ... συλλογίζομαι: ind. quest., "whether I
εἴ πῃ ... δυνατόν: "and *whether it is somehow possible*"
περιτρέψαι: aor. inf. after δυνατόν, possible *to overturn*"

θεοί: ἀλλὰ μὴν εἰσὶ βωμοί, εἰσὶν ἄρα καὶ θεοί. τί πρὸς ταῦτα φῄς;

ΔΑΜΙΣ:

Ἢν πρότερον γελάσω ἐς κόρον, ἀποκρινοῦμαί σοι.

ΤΙΜΟΚΛΗΣ:

Ἀλλὰ ἔοικας οὐδὲ παύσεσθαι γελῶν· εἰπὲ δὲ ὅμως ὅπῃ σοι γελοῖον ἔδοξε τὸ εἰρημένον εἶναι.

ΔΑΜΙΣ:

Ὅτι οὐκ αἰσθάνῃ ἀπὸ λεπτῆς κρόκης ἐξαψάμενός σου τὴν ἄγκυραν, καὶ ταῦτα ἱερὰν οὖσαν· τὸ γὰρ εἶναι θεοὺς τῷ βωμοὺς εἶναι συνδήσας ἰσχυρὸν οἴει ποιήσασθαι ἀπ' αὐτῶν

αἰσθάνομαι: to perceive, to see, hear
ἀποκρίνομαι: to answer
γελάω: to laugh
γέλοιος, -α, -ον: causing laughter, laughable
δοκέω: to seem to (+ *inf.*)
εἶπον: to speak, say (*aor.*)
ἐξάπτω: to fasten from
ἔοικα: to seem (*perf.*) (+ *inf.*)

ἐρέω: to say (*fut.*)
κόρος, ὁ: satiety
κρόκη, ἡ: a thread
λεπτός, -ή, -όν: weak, small
ὅπῃ: by which way
παύομαι: to cease (+ *part.*)
πρότερος, -α, -ον: earlier
συνδέω: to bind X (*acc.*) to Y (*dat.*)

ἀλλὰ μὴν εἰσὶ: "but there definitely are"
εἰσὶν ἄρα καὶ: "then there also are"
ἢν ... γελάσω: aor. subj. in future more vivid protasis, "*if I laugh*"
παύσεσθαι: pres. inf. mid. after ἔοικας, "you seem not *to be ceasing*" + part.
γελοῖον: nom. pred., "seems to be *laughable*"
τὸ εἰρημένον: perf. part. of λέγω, "what has been said"
ἐξαψάμενος: aor. part. in ind. st. after αἰσθάνῃ, "you do not perceive *that you have fastened*"
οὖσαν: pres. part. concesive, "*despite being* your sacred one"
τὸ ... εἶναι: pres. inf. articular acc., "the gods' *existing*"
τῷ ... εἶναι: pres. inf. articular dat., "to the altars *existing*"
συνδήσας: aor. part., "having tied"
ἰσχυρὸν: acc. pred., "made your anchorage *secure*"
ἀπ' αὐτῶν: "from these (arguments)"

τὸν ὅρμον. ὥστε ἐπεὶ μηδὲν ἄλλο τούτου φῂς ἔχειν εἰπεῖν ἱερώτερον, ἀπίωμεν ἤδη.

ΤΙΜΟΚΛΗΣ:

Ὁμολογεῖς τοίνυν ἡττῆσθαι προαπιών;

ΔΑΜΙΣ:

Ναί, ὦ Τιμόκλεις. σὺ γὰρ ὥσπερ οἱ ὑπό τινων βιαζόμενοι ἐπὶ τοὺς βωμοὺς ἡμῖν καταπέφευγας. ὥστε, νὴ τὴν ἄγκυραν τὴν ἱεράν, ἐθέλω σπείσασθαι ἤδη πρὸς σὲ ἐπ' αὐτῶν γε τῶν βωμῶν, ὡς μηκέτι περὶ τούτων ἐρίζοιμεν.

ἄπειμι: to go away (*fut.*)
βιάζομαι: to be forced
ἐθέλω: to wish to (+ *inf.*)
ἤδη: already, immediately
ἡττάομαι: to be inferior to
ἱερός, -α, -ον: sacred, secure
καταφεύγω: to flee for refuge
μηκέτι: no more, no longer
ὁμολογέω: to agree
ὅρμος, ὁ: anchorage
προάπειμι: to go away (*fut.*)
σπένδω: to make a drink-offering
τοίνυν: therefore, accordingly

τούτου: gen. of comparison after ἄλλο, "other than *this*"
ἔχειν: pres. inf. in ind. st., "you say *that you are able*" + inf.
ἀπίωμεν: pres. subj. hortatory, "let us depart!"
ἡττῆσθαι: pres. inf. in ind. st., "agree that you are inferior" i.e. are bested
προαπιών: pres. inf. of προ-ἀπο-εἶμι instrumental, "by going away"
οἱ ... βιαζόμενοι: "those being forced" i.e. suppliants
καταπέφευγας: perf. of κατα-φεύγω, "you have fled for refuge"
σπείσασθαι: aor. inf. complementing ἐθέλω, "I wish to make a drink-offering" i.e. to make peace
ἐπ' αὐτῶν γε τῶν βωμῶν: "right at these very altars"
ὡς ... ἐρίζοιμεν: pres. aor. in purpose clause, "that we never quarrel"

ΤΙΜΟΚΛΗΣ:

Εἰρωνεύῃ ταῦτα πρὸς ἐμέ, τυμβωρύχε καὶ μιαρὲ καὶ κατάπτυστε καὶ μαστιγία καὶ κάθαρμα; οὐ γὰρ ἴσμεν οὗτινος μὲν πατρὸς εἶ, πῶς δὲ ἡ μήτηρ σου ἐπορνεύετο, καὶ ὡς τὸν ἀδελφὸν ἀπέπνιξας καὶ μοιχεύεις καὶ τὰ μειράκια διαφθείρεις, λιχνότατε καὶ ἀναισχυντότατε; μὴ φεῦγε δ' οὖν, ἕως καὶ πληγὰς παρ' ἐμοῦ λαβὼν ἀπέλθῃς· ἤδη γάρ σε τουτωὶ τῷ ὀστράκῳ ἀποσφάξω παμμίαρον ὄντα.

ΖΕΥΣ:

Ὁ μὲν γελῶν, ὦ θεοί, ἄπεισιν, ὁ δ' ἀκολουθεῖ λοιδορούμενος οὐ φέρων κατατρυφῶντα τὸν Δᾶμιν, καὶ ἔοικε πατάξειν

ἀδελφός, ὁ: a brother
ἀκολουθέω: to follow
ἀναίσχυντος, -ον: shameless
ἀπῆλθον: to go away (*aor.*)
ἀποπνίγω: to choke, strangle
ἀποσφάττω: to cut the throat of
διαφθείρω: to corrupt
εἰρωνεύομαι: to dissemble, be ironic
ἔοικα: to seem to (+ *inf.*)
ἐρίζω: to strive, quarrel
ἕως: until, till
κάθαρμα, τό: debris, slag
κατάπτυστος, -ον: abominable
κατατρυφάω: to be insolent
λαμβάνω: to take

λίχνος, -η, -ον: greedy
λοιδορέω: to abuse, revile
μαστιγίας, -ου, ὁ: a rogue
μειράκιον, τό: a boy
μήτηρ, μητρός, ἡ: a mother
μιαρός, -ά, -όν: polluted
μοιχεύω: to commit adultery
ὄστρακον, τό: a potsherd
παμμίαρος, -ον: all-abominable
παταγέω: to beat, knock
πατήρ, πατρός, ὁ: a father
πληγή, ἡ: a blow, stroke
πορνεύομαι: to be a prostitute
τυμβώρυχος, ὁ: a grave-robber
φεύγω: to flee, take flight, run away

οὐ γὰρ ἴσμεν: pres. of οἶδα, "do we not know?"
οὗτινος ... εἶ: ind. quest., "*of what* father *you are*" i.e. who your father is
ἀπέπνιξας: aor., "whom *you strangled*"
ἕως ... ἀπέλθῃς: aor. subj. in indefinite temporal clause, "until you go away" i.e. whenever that might be
λαβών: aor. part., "go away *having taken*"
ἀποσφάξω: fut. of ἀποσφάττω, "I will cut your throat"
οὐ φέρων: pres. part. causal, "because he can't bear" + part.
πατάξειν: fut. inf. after ἔοικε, "he seems *to be about to beat*"

αὐτὸν τῷ κεράμῳ ἐς τὴν κεφαλήν. ἡμεῖς δὲ τί ποιῶμεν ἐπὶ τούτοις;

ΕΡΜΗΣ:
Ὀρθῶς ἐκεῖνό μοι ὁ κωμικὸς εἰρηκέναι δοκεῖ,
οὐδὲν πέπονθας δεινόν, ἂν μὴ προσποιῇ.
τί γὰρ καὶ ὑπέρμεγα κακόν, εἰ ὀλίγοι ἄνθρωποι πεπεισμένοι ταῦτα ἀπίασι; πολλῷ γὰρ οἱ τἀναντία γιγνώσκοντες πλείους, Ἑλλήνων ὁ πολὺς λεὼς βάρβαροί τε ἅπαντες.

βάρβαροι, οἱ: the barbarians
γιγνώσκω: to perceive, mark, learn
δεινός, -ή, -όν: fearful, terrible
Ἕλλην, Ἕλληνος, ὁ: a Greek
ἐναντίος, -α, -ον: opposite
ἐρέω: to say (fut.)
κακός, -ή, -όν: bad
κέραμος, ὁ: potter's clay
κεφαλή, ἡ: the head
κωμικός, -ή, -όν: comic

λεώς, ὁ: the people
ὀλίγος, -η, -ον: few
ὀρθῶς: correctly
πάσχω: to suffer
πείθω: to persuade
πλείων, -ον: more
πολύς, πολλά, πολύ: many
προσποιέομαι: to acknowledge to oneself
ὑπέρμεγας, -άλη, -α: immensely great

τί ποιῶμεν: pres. subj. in deliberative question, "what should we do?"
εἰρηκέναι: perf. inf. after δοκεῖ, "he seems *to have said*"
οὐδὲν πέπονθας: perf. of πάσχω, "you have suffered nothing" a fragment from Menander *Epitrepontes*
ἂν μὴ προσποιῇ: pres. subj. in present general protasis, "if you do not acknowledge"
πεπεισμένοι: perf. pass. of πείθω, "having been persuaded"
ἀπίασι: pres. of ἄπειμι, "if they go away"
πολλῷ: dat. of degree of differences, "more *by much*"
τἀναντία (= τὰ ἐναντία): "thinking *the opposite things*"
πλείους (= πλείο[ν]ες): nom. pred., "they are *more*"
ὁ πολὺς: "the majority"

ΖΕΥΣ:

Ἀλλά, ὦ Ἑρμῆ, τὸ τοῦ Δαρείου πάνυ καλῶς ἔχον ἐστίν, ὃ εἶπεν ἐπὶ τοῦ Ζωπύρου· ὥστε καὶ αὐτὸς ἐβουλόμην ἂν ἕνα τοῦτον ἔχειν τὸν Δᾶμιν σύμμαχον ἢ μυρίας μοι Βαβυλῶνας ὑπάρχειν.

Zeus enthroned with scepter and cup ("Jupiter Verospi"). Marble. 3rd century Roman copy of Hellenistic Greek original. Pio-Clementino Museum, Vatican.

Βαβυλών, -ῶνος, ἡ: Babylon
βούλομαι: to will, wish
Δαρεῖος, ὁ: Darius

μυρίος, -ος, -ον: numberless
σύμμαχος, -ον: allied with
ὑπάρχω: to rule over

τὸ τοῦ Δαρείου: "the (saying) of Darius"

καλῶς ἔχον: pres. part. in pred. expression, "the saying is *being well*" i.e. is pertinent to the situation

ἐπὶ τοῦ Ζωπύρου: "which he said about Zoporus" Darius' most trusted companion, whose welfare he would have preferred to 20 Babylons; see Herodotus, *Histories* 3, 160

ἐβουλόμην: impf. in present contrafactual apodosis, "*I would wish* to have"

σύμμαχον: acc. pred., "Damis *as an ally*"

List of Verbs

List of Verbs

The following is a list of verbs that have some irregularity in their conjugation. Contract verbs and other verbs that are completely predictable (-ίζω, -εύω, etc.) are generally not included. The principal parts of the Greek verb in order are 1. Present 2. Future 3. Aorist 4. Perfect Active 5. Perfect Middle 6. Aorist Passive, 7. Future Passive. We have not included the future passive below, since it is very rare. For many verbs not all forms are attested or are only poetic. Verbs are alphabetized under their main stem, followed by various compounds that occur in the *Zeus the Tragedian*, with a brief definition. A dash (-) before a form means that it occurs only or chiefly with a prefix. The list is based on the list of verbs in H. Smyth, *A Greek Grammar*.

ἀγγέλλω: to bear a message ἀγγελῶ, ἤγγειλα, ἤγγελκα, ἤγγελμαι, ἠγγέλθην
 ἀπαγγέλλω: to report
 προσαγγέλλω: to announce

ἄγω: to lead ἄξω, 2 aor. ἤγαγον, ἦχα, ἦγμαι, ἤχθην
 ἀπάγω: to lead away
 συνάγω: to collect
 προάγω: to lead forward

αἰδέομαι: to respect, feel shame: αἰδέσομαι, ᾔδεσμαι, ᾐδέσθην

ᾄδω: to sing ᾄσομαι, ᾖσα, ᾖσμαι, ᾔσθην
 κατᾴδω: to charm by singing

αἰνέω: to praise -αινέσω, -ῄνεσα, -ῄνεκα, -ῄνημαι, -ηνέθην.
 ἐπαινέω: to approve, applaud

αἱρέω: to take αἱρήσω, 2 aor. εἷλον, ᾕρηκα, ᾕρημαι, ᾑρέθην
 ἀφαιρέω: to take from, remove
 προαναιρέω: to take away before
 ὑφαιρέω: to draw off, diminish

αἴρω: to raise ἀρῶ, ἦρα, ἦρκα, ἦρμαι, ἤρθην
 ἀνταίρω: to raise against

αἰσθάνομαι: to perceive αἰσθήσομαι, 2 aor. ᾐσθόμην, ᾔσθημαι

ἀκούω: to hear ἀκούσομαι, ἤκουσα, 2 perf. ἀκήκοα, ἠκούσθην
 ἐπακούω: to listen to

ἀλλάττω: to change ἀλλάξω, ἤλλαξα, -ήλλαχα, ἤλλαγμαι, ἠλλάχθην or ἠλλάγην
    ἐναλλάττω: to exchange

ἁμαρτάνω: to err ἁμαρτήσομαι, 2 aor. ἥμαρτον, ἡμάρτηκα, ἡμάρτημαι, ἡμαρτήθην
    ἐξαμαρτάνω: to err

ἀμύνομαι: to defend oneself: ἀμυνοῦμαι, ἠμυνάμην

ἅπτω: to fasten, (mid.) to touch ἅψω, ἧψα, ἧμμαι, ἥφθην
    ἐξάπτω: to fasten from

ἄρχω: to be first, begin ἄρξω, ἦρξα, ἦργμαι, ἤρχθην
    ὑπάρχω: to rule over

ἀφικνέομαι: to arrive at ἀφίξομαι, 2 aor. ἀφικόμην, ἀφῖγμαι

βαίνω: to step βήσομαι, 2 aor. ἔβην, βέβηκα
    ἀποβαίνω: to go away
    διαβαίνω: to ford

βάλλω: to throw βαλῶ, 2 aor. ἔβαλον, βέβληκα, βέβλημαι, ἐβλήθην
    ἐμβάλλω: to throw in, put in
    διαβάλλω: to slander
    περιβάλλω: to embrace
    ὑποβάλλω: to throw in, suggest

βλέπω: to look at βλέψομαι, ἔβλεψα
    ἀποβλέπω: to look at
    περιβλέπω: to gaze around

βοάω: to shout βοήσομαι, ἐβόησα βέβωμαι, ἐβώσθην
    ἀναβοάω: to shout out loud

βούλομαι: to wish βουλήσομαι, βεβούλημαι, ἐβουλήθην

γελάω: to laugh γελάσομαι, ἐγέλασα, ἐγελάσθην
    ἐπιγαλέω: to laugh approvingly
    καταγελάω: to laugh at

γί(γ)νομαι: to become γενήσομαι, ἐγενόμην, γέγονα, γεγένημαι, ἐγενήθην
    προσγίγνομαι: to come to

γι(γ)νώσκω: to know γνώσομαι, ἔγνων, ἔγνωκα, ἔγνωσμαι, ἐγνώσθην
    προκαταγιγνώσκω: to condemn by prejudgement

γράφω: to write γράψω, ἔγραψα, γέγραφα, γέγραμμαι, ἐγράφην
    ἐγγράφω: to inscribe, enroll

δάκνω: to bite δήξομαι, 2 aor. ἔδακον, δέδηγμαι, ἐδήχθην, δαχθήσομαι.

δαίνυμι: to divide, feast on (mid.) δαίσω, ἔδαισα

δείκνυμι: to show δείξω, ἔδειξα, δέδειχα, δέδειγμαι, ἐδείχθην
    ἀποδείκνυμι: to present to
    ἐπιδείκνυμι: to show

δέδια: to fear (*perf.*), ἐδεδίη (*plupf.*)

δέομαι: to want, ask δεήσομαι, δεδέημαι, ἐδεήθην (from δέω 2)

δέω (1): to bind δήσω, ἔδησα, δέδεκα, δέδεμαι, ἐδέθην
    ἀναδέω: to bind up
    συνδέω: to bind together

δέω (2): to need, lack δεήσω, ἐδήεσα δεδέηκα, δέδέημαι, ἐδεήθην
    ἐνδέω: to lack, fall short

διδράσκω: to run -δράσομαι, 2 aor. -έδραν, -δέδρακα, -δέδρηκα
    ἀποδιδράσκω: to escape

δίδωμι: to give δώσω, 1 aor. ἔδωκα in s., 2 aor. ἔδομεν in pl. δέδωκα, δέδομαι, ἐδόθην
    ἀποδίδωμι: to give back, return
    παραδίδωμι: to hand over

δοκέω: to think, seem δόξω, ἔδοξα, δέδογμαι

δύναμαι: am able, can δυνήσομαι, δεδύνημαι, ἐδυνήθην

ἐθέλω: to wish ἐθελήσω, ἠθέλησα, ἠθέληκα

εἶδον: to see (used as aorist of ὁράω), perf. οἶδα, to know
    ἐπεῖδον: to look upon, behold
    περιεῖδον: to overlook

εἰκάζω: to make like εἰκάσω, ἤκασα, ἤκασμαι, ἠκάσθην

εἰμί: to be, fut. ἔσομαι, impf. ἦν
    πάρειμι: to be present
    πρόσειμι: to be present before
    σύνειμι: to be together with, consort with

εἶμι: to go, used as fut. of ἔρχομαι, pres. part. ἰών, imper. ἴτε, ἴθι

εἶπον: to say, used as 2 aor. of λέγω

εἴρω: to join aor. -εἶρα, perf. -εἶρκα, perf. mid. ἔερμαι
    συνείρω: to compose

ἐλέγχω: to examine ἐλέγξω, ἤλεγξα, ἐλήλεγμαι, ἠλέγχθην
    διελέγχω: to refute

ἕλκω: to draw -έλξω, εἵλκυσα, -εἵλκυκα, -εἵλκυσμαι, -ειλκύσθην

ἔοικα: to seem (*perf.*)

ἕπομαι: to follow ἕψομαι, 2 aor. ἑσπόμην
    συνέπομαι: to follow along with

ἐρέω (1): to ask, ἐρήσομαι, 2 aor. ἠρόμην

ἐρέω (2): to say, used as the future of λέγω perf. εἴρηκα

ἔρχομαι: to come or go to, fut. εἶμι, 2 aor. ἦλθον, 2 perf. ἐλήλυθα
    ἀνέρχομαι: to go up
    ἀπέρχομαι: to go away
    διεξέρχομαι: to through completely, narrate
    εἰσέρχομαι: to go into
    ἐπεξέρχομαι: to carry out
    κατέρχομαι: to go down from
    μετέρχομαι: to go among
    προαπέρχομαι: to go away
    συνέρχομαι: to assemble

ἐρωτάω: to ask ἐρήσομαι, 2 aor. ἠρόμην

εὑρίσκω: to find εὑρήσω, 2 aor. ηὗρον or εὗρον, ηὕρηκα or εὕρηκα, εὕρημαι, εὑρέθην
    συνευρίσκω: to discover along with

εὔχομαι: to offer prayers or vows εὔξομαι, ηὐξάμην, ηὖγμαι

ἔχω: to have ἕξω, 2 aor. ἔσχον, ἔσχηκα, imperf. εἶχον.
    ἀνέχομαι: to endure
    ἀνέχω: to hold up
    παρέχω: to furnish, provide, supply
    ὑπερέχω: to excel

ζάω: to live ζήσω, ἔζησα, ἔζηκα
    ἀποζάω: to live off

ἡγέομαι: to lead the way, consider ἡγήσομαι, ἡγησάμην, ἥγημαι
    ἐξηγέομαι: to direct
    διηγέομαι: to set out in detail, describe in full

ἦλθον: to go, used as aorist of ἔρχομαι, perf. ἐλήλουθα

ἧμαι: to sit, present only, ἧσθαι inf. ἥμενος part.
    κάθημαι: to sit down

ἤνεγκον: to bear, used as aorist and perfect of φέρω: ἐνήνοχα, ἐνήνεγμαι, ἠνέχθην

θνήσκω: to die θανοῦμαι, 2 aor. -έθανον, τέθνηκα
    ἀποθνήσκω: to die off

ἵημι: to let go, relax, to send forth ἥσω, ἧκα, εἷκα, εἷμαι, εἵθην
    ἀφίημι: to send forth, discharge
    ἐνίημι: to send in
    ἐπαφίημι: to discharge at
    ἐφίημι: to place round
    καθίημι: to send down
    συνίημι: to perceive

ἵστημι: to make to stand, set στήσω, ἔστησα, 2 aor. ἔστην stood, ἕστηκα stand, ἐστάθην
    ἀνίστημι: to make to stand up
    ἀνθίστημι: to set up against
    ἐπανίστημι: to set up again
    ἐφίστημι: to set or place upon
    περιίστημι: to place round
    παρίστημι: to place beside
    συνίστημι: to combine, associate, unite

καλέω: to call καλῶ, ἐκάλεσα, κέκληκα, κέκλημαι, ἐκλήθην
    ἐγκαλέω: to call in, make an accusation
    συνκαλέω: to convene

κάμνω: to labor, am weary: καμοῦμαι, ἔκαμον, κέκμηκα

κεῖμαι: to lie down: κείσομαι (used as passive of τίθημι)
    πρόκειμαι: to be set before one
    σύγκειμαι: to lie together, to be agreed on

κείρω: to cut: κερῶ, ἔκειρα, κέκαρμαι, ἔκερσα, ἐκέρθην
    ἀποκείρω: to cut off

κηρύττω: to announce κηρύξω, ἐκήρυξα, -κεκήρυχα, κεκήρυγμαι, ἐκηρύχθην

κόπτω: to strike κόψω, ἔκοψα, -κέκοφα, κέκομμαι, -εκόπην
    ἐκκόπτω: to cut out

κρίνω: to decide κρινῶ, ἔκρινα, κέκρικα, κέκριμαι, ἐκρίθην
    ὑποκρίνω: to act in a drama
    ἀποκρίνομαι: to answer

κρύπτω: to hide from κρύψω, ἔκρυψα, κέκρυμμαι, ἐκρύφθην
    ἀποκρύπτω: to hide away from
    ἐπικρύπτω: to conceal

κύπτω: to stoop -κύψομαι, ἔκυψα, κέκυφα
    ὑποκύπτω: to stoop over

λαμβάνω: to take λήψομαι, ἔλαβον, εἴληφα, εἴλημμαι, ἐλήφθην
    ἀντιλαμβάνω: to engage in
    ἐπιλαμβάνω: to hold back
    καταλαμβάνω: to lay hold of
    παραλαμβάνω: to take upon oneself
    ὑπολαμβάνω: to understand

λανθάνω: to escape notice λήσω, ἔλαθον, λέληθα
    ἐπιλανθάνομαι: to forget
    διαλανθάνω: to escape notice completely

λέγω (A): to speak, to pick up ἐρέω, εἶπον, εἴρηκα, λέλεγμαι, ἐλέχθην
    διαλέγω: to relate
    προλέγω: to proclaim

λέγω (B): **to pick up** -λέξω, -έλεξα, -λέλεγμαι, -ελέγην
    ἐκλέγω: to pick out
    συλλέγω: to collect

λείπω: to leave λείψω, ἔλιπον, λέλοιπα, λέλειμμαι, ἐλείφθην
    ἐπιλείπω: to fail
    καταλείπω: to leave behind

μανθάνω: to learn μαθήσομαι, ἔμαθον, μεμάθηκα

μάρπ-τω: to seize: μάρψω, ἔμαρψα, 2 aor. ἔμαρπον

μάττω: to knead: μάξω, ἔμαξα, μέμαχα, μέμαγμαι, ἐμάγην
    ἐκμάττω: to mold in clay

μέλω: to be an object of care (used impersonally: μέλει it is a care) μελήσει, ἐμέλησε:

μέλλω: to be about to μελλήσω, ἐμέλλησα
    διαμέλλω: : to delay

μέμφομαι to blame: μέμψομαι, ἐμεμψάμην, ἐμέμφθην

μένω: to stay μενῶ, ἔμεινα, μεμένηκα
    περιμένω: to await

μίγνυμι: to mix μείξω, ἔμειξα, μέμειγμαι, ἐμείχθην,
    ἐγκαταμίγνυμι: to mix in with

μιμνήσκω: to remind, remember (*mid.*) -μνήσω, -έμνησα, μέμνημαι, ἐμνήσθην
    ὑπομιμνήσκω: to remind

νέμω: to distribute νεμῶ, ἔνειμα, -νενέμηκα, νενέμημαι, ἐνεμήθην
    ἀπονέμω: : to assign

οἶδα: to know, perf. of εἶδον with present sense, εἴσομαι, plup. ᾔδειν

οἴομαι or οἶμαι: to suppose, impf. ᾤμην, aor. pass. (with impf. sense) ᾠήθην

ὄλλυμι: to destroy -ολῶ, -ώλεσα, -ολώλεκα, -όλωλα
    ἀπόλλυμι: to destroy utterly
    συναπόλλυμι: to destroy together with

ὄμνυμι: to swear ὀμοῦμαι, ὤμοσα, ὀμώμοκα, ὀμώμομαι, ὠμόθην

ὀξύνω: to sharpen -οξυνῶ, ὤξυνα, -ώξυμμαι, -ωξύνθην
    παροξύνω: to provoke

ὁράω: to see ὄψομαι, 2 aor. εἶδον, ἑόρακα and ἑώρακα, ὤφθην, impf. ἑώρων

παίω: strike: παίσω, ἔπαισα, -πέπαικα, ἐπαίσθην.
    ὑπερπαίω: to overstrike, surpass

πάσχω: to experience πείσομαι, 2 aor. ἔπαθον, 2 perf. πέπονθα

πείθω: to persuade πείσω, ἔπεισα, 2 perf. πέποιθα, πέπεισμαι, ἐπείσθην
    συμπείθω: to win by persuading

πέμπω: to convey πέμψω, ἔπεμψα, 2 perf. πέπομφα, πέπεμμαι, ἐπέμφθην
    ἐκπέμπω: to send forth
    ἐπιπέμπω: to send besides
    παραπέμπω: to send past, dismiss

πετάννυμι: to spread out -πετῶ, -επέτασα, -πέπταμαι, πετάσθην
    ἀναπετάννθμι: to unfurl

πίμπλημι: to fill -πλήσω, -έπλησα, -πέπληκα, -πέπλησμαι, -επλήσθην
    ἐμπίμπλημι: to fill in

πίνω: to drink πίομαι, 2 aor. ἔπιον, πέπωκα, -πέπομαι, -επόθην
    καταπίνω: to gulp or swallow down

πίπτω: to fall πεσοῦμαι, 2 aor. ἔπεσον, πέπτωκα
    συνεμπίπτω: to collapse
    συμπίπτω: to fall together

πλάττω: to form ἔπλασα, πέπλασμαι, ἐπλάσθην

πνίγω: to choke -πνίξω, -έπνιξα, πέπνιγμαι, -επνίγην
    ἀποπνίγω: to choke off

πλέω: to sail πλεύσομαι, ἔπλευσα, πέπλευκα, πέπλευσμαι, ἐπλεύσθην
    ἐμπλέω: to sail in

πλήττω: to strike -πλήξω, -έπληξα, πέπληγα, πέπληγμαι, -επλάγην
    ἐκπλήττω: to shock
    καταπλήσσω: to strike down

πράττω: to do πράξω, ἔπραξα, 2 perf. πέπραχα, πέπραγμαι, ἐπράχθην

πυνθάνομαι: to learn πεύσομαι, 2 aor. ἐπυθόμην, πέπυσμαι
    ἀναπυνθάνομαι: to ascertain

ῥέζω: to do ῥέξω, ἔρεξα, aor. pass. part. ῥεχθείς

ῥέω: to flow ῥυήσομαι, ἐρρύην, ἐρρύηκα
    ἐπιρρέω: to keep on flowing

ῥήγνυμι: to break -ρήξω, ἔρρηξα, -έρρωγα, ἐρράγην
    ἀπορρήγνυμι and ἀπορρήττω: to break off
    διαρρήγνυμι: to break through

ῥιπτω: to throw ῥίψω, ἔρριψα, 2 perf. ἔρριφα, ἔρριμμαι, ἐρρίφην
    ἀπορρίπτω: to throw away
    προσρίπτω: to throw at

σβέννυμι: to extinguish σβέσω, ἔσβεσα, ἔσβηκα, ἐσβέσθην
    ἐπισβέννυμι: to extinguish

σείω: to shake σείσω, ἔσεισα, σέσεικα, σέσεισμαι, ἐσείσθην
    διασείω: to shake violently

σπάω: to draw **σπάσω, ἔσπασα, -έσπακα, ἔσπασμαι, -εσπάσθην**
    ἀνασπάω: to draw up, pull up
    ἐπισπάω: to draw after
    παρασπάω: to carry away

σπένδω: to pour libation **-σπείσω, ἔσπεισα, ἔσπεισμαι**

στρέφω: to turn **στρέψω, ἔστρεψα, ἔστραμμαι, ἐστρέφθην**
    ἐπιστρέφω: to turn about, turn round

σύρω: to draw **-έσυρα, -σέσυρκα, -σέσυρμαι**
    παρασύρω: to carry away

σφάττω: to cut the throat **σφάξω, ἔσφαξα, ἔσφαγμαι, -εσφάγην**
    ἀποσφάττω: to cut the throat off
    ἐπισφάττω: to slaughter

σῴζω: to save **σώσω, ἔσωσα, σέσωκα, ἐσώθην**
    ἀποσῴζω: to save away

ταράττω: to stir up **ταράξω, ἐτάραξα, τετάραγμαι, ἐταράχθην**
    διαταράττω: to confound utterly
    συνταράττω: to confound

τάττω: to arrange, **τάξω, ἔταξα,** 2 perf. **τέταχα, τέταγμαι, ἐτάχθην**
    ἐπιτάττω: to put in command over
    διατάττω: to dispose
    προστάττω: to instruct

τείνω: stretch **τενῶ, -έτεινα, -τέτακα, τέταμαι, -ετάθην**
    ἀποτείνω: to extend
    διατείνω: to strain
    προστείνω: to set forth

τελέω: to complete **τελῶ, ἐτέλεσα, τετέλεκα, τετέλεσμαι, ἐτελέσθην**
    ἀποτελέω: to bring to an end

τήκω: to melt **τήξω, ἔτηξα, τέτηκα, ἐτάκην**

τίθημι: to place **θήσω, ἔθηκα, τέθηκα, τέθειμαι** (but usually instead *κεῖμαι*), **ἐτέθην**
    διατίθημι: to arrange, dispose of
    προσανατίθεμαι: to take counsel with
    συντίθημι: to put together

τιτρώσκω: to wound **-τρώσω, ἔτρωσα, τέτρωμαι, ἐτρώθην**

τρέπω: to turn **τρέψω, ἔτρεψα, τέτροφα, ἐτράπην**
    ἀνατρέπω: to overturn, upset
    περιτρέπω: to overturn

τρίβω: to rub **τρίψω, ἔτριψα, τέτριφα, τέτριμμαι, ἐτρίβην**
    διατρίβω: to spend time
    ἐπιτρίβω: to crush, perish

τυγχάνω: to happen τεύξομαι, ἔτυχον, τετύχηκα. τέτυγμαι, ἐτύχθην

ὑπισχνέομαι: to promise ὑποσχήσομαι, 2 aor. ὑπεσχόμην

φαίνω: to show, appear (mid.) φανῶ, ἔφηνα, πέφηνα, πέφασμαι, ἐφάνην
    ἀποφαίνω: to display, produce
    ἀναφαίνομαι: to appear plainly
    ἐκφαίνω: to show forth

φέρω: to bear οἴσω, 1 aor. ἤνεγκα, 2 aor. ἤνεγκον, 2 perf. ἐνήνοχα, ἐνήνεγμαι, ἠνέχθην
    ἀποφέρω: to carry off or away
    ἐκφέρω: to carry out
    ἐπαναφέρω: to throw back upon, refer
    συμφέρω: to confer a benefit
    προσφέρω: to carry to

φεύγω: to flee φεύξομαι, ἔφυγον, πέφευγα
    διαφεύγω: to escape
    καταφεύγω: to flee for refuge

φημί: to say φήσω, ἔφησα

φθάνω: to anticipate φθήσομαι, ἔφθασα, ἔφθην

φθείρω: to corrupt: φθερῶ, ἔφθειρα, ἔφθαρκα, ἔφθαρμαι, ἐφθάρην
    διαφθείρω: to destroy, spoil
    καταφθείρω: to destroy utterly

χαίρω: to rejoice at χαιρήσω, κεχάρηκα, κεχάρημαι, ἐχάρην

χέω: to pour fut. χέω, aor. ἔχεα, κέχυκα, κέχυμαι, ἐχύθην
    ἐπιχέω: to pour over
    περιχέω: to pour around
    συγχέω: to confound

χράομαι: to use χρήσομαι, ἐχρησάμην, κέχρημαι, ἐχρήσθην
    προσχράομαι: to use beside

ὠθέω: to push ὤσω, ἔωσα, ἔωσμαι, ἐώσθην
    παρωθέω: to push aside
    συνωθέω: to force together

Glossary

A α

ἄγω: to lead or carry, to convey, bring
ἀεί: always
ἀκούω: to hear
ἀκριβής –ές: exact, accurate, precise
ἀληθής, -ές: unconcealed, true
ἀλλά: otherwise, but
ἄλλος, -η, -ο: other
ἄλλως: in another way
ἅμα: at the same time, with
ἀμείνων, -ον: better
ἀμφί: about, around (+ *dat.*)
ἄν: (*indefinite particle; generalizes dependent clauses with subjunctive; indicates contrary-to-fact with independent clauses in the indicative; potentiality with the optative*)
ἀνάγκη, ἡ: force, constraint, necessity
ἀνήρ, ἀνδρός, ὁ: a man, husband
ἄνθρωπος, ὁ: a person
ἀντί: instead of, in return for (+ *gen.*)
ἄξιος, ἀξία, ἄξιον: worthy, deserving
ἀξιόω: to deem worthy of + *inf.*
ἅπας, ἅπασα, ἅπαν: all, the whole
ἀπό: from, away from (+ *gen.*)
ἀποθνῄσκω: to die off, die
ἀποκρίνομαι: to answer
ἀπόλλυμι: to destroy utterly, kill
ἄρα: therefore, then (drawing an inference)
ἆρα: particle introducing a question
ἄριστος, ἀρίστη, ἄριστον: best, noblest (*superl. of* ἀγαθός)
αὐτός, -ή, -ό: he, she, it; self, same

B β

βούλομαι: to will, wish

Γ η

γάρ: for
γε: at least, at any rate (*postpositive*)
γίγνομαι: to become
γοῦν: at least then, at any rate
γυνή, γυναικός, ἡ: a woman, wife

Δ δ

δέ: and, but, on the other hand (*preceded by* μέν)
δεῖ: it is necessary
δεινός, -ή, -όν: awesome, terrible
δή: certainly, now (*postpositive*)
διά: through (+ *gen.*); with, by means of (+ *acc.*)
δίδωμι: to give
διηγέομαι: to describe in full
δοκέω: to seem, consider
δύναμαι: to be able (+ *inf.*)
δύο: two

E ε

ἐάν: = εἰ + ἄν
ἐάω: to allow, permit
ἐγώ, μου, ἐμέ, ἐμοί: I, me
ἐθέλω: to will, wish, purpose
εἰ: if
εἶδον: to see (*aor.*)
εἰμί: to be
εἶμι: to go (*fut.*)
εἶπον: to say (*aor.*)
εἰς, ἐς: into, to (+ *acc.*)
εἷς, μία, ἕν: one
εἶτα: next, then
ἐκ, ἐξ: from, out of, after (+ *gen.*)
ἕκαστος, -η, -ον: each, every
ἐκεῖνος, -η, -ον: that, that one
ἐμός, -ή, -όν: mine

ἐν: in, at, among (+ *dat.*)
ἔνθα: there
ἔοικα: to seem, to be like (*perf.*)
ἐπαινέω: to approve, applaud
ἐπεί, ἐπειδή: since, when
ἐπί: at (+ *gen.*); on, upon (+ *dat.*); on to, against (+ *acc.*)
ἔρχομαι: to go
ἔρως, ἔροτος, ὁ; love
ἕτερος ἑτέρα ἕτερον: the other (of two); other, another
ἔτι: still
εὖ: well, thoroughly
εὑρίσκω: to find
ἔχω: to have; to be able (+ *inf.*)

Z ζ

ζάω: to live

H η

ἤ: or; than
ἦ: truly
ἤδη: already, now
ἥκω: to have come, be present, be here
ἡμεῖς, ἡμῶν, ἡμᾶς, ἡμῖν: we, us
ἡμέρα, ἡ: day

Θ θ

θεός, θεοῦ, ὁ/ἡ: a god, goddess

I ι

ἵνα: in order that (+ *subj.*)
ἵστημι: to make to stand, set

K κ

καί: and, also, even
καίτοι (καί-τοι): and indeed, and yet

κακός, -η, -ον: bad, cowardly
καλός, -ή, όν: good
κατά': down, along, according to (+ *acc.*)
κεφαλή, ἡ: the head

Λ λ

λαμβάνω: to take, catch
λέγω: to speak, say, tell

M μ

μάλα: very
μάλιστα; very much, especially
μᾶλλον: more, rather
μανθάνω: to learn
μέγας, μέγαλα, μέγα: great, large
μέλλω: to be about to (+ *inf.*)
μέν: on the one hand (*followed by* δέ)
μετά: with (+ *gen.*); after (+ *acc.*)
μή: not, lest, don't (+ *subj.* or *imper.*)
μηδέ: but not or and not, nor
μηκέτι: no longer
μήν: truly
μήτε: and now
μητήρ, μητρός, ἡ: mother
μικρός, -ά, -όν: small, little
μιμνήσκομαι: to remember
μόνον: only
μόνος, -η, -ον: alone, only

N ν

ναί: indeed, yes
νῦν, νυνί: now, at this moment

O ο

ὁ, ἡ, τό: the (*definite article*)
οἶδα: to know (*perf.*)

οἴομαι *or* οἶμαι: to suppose, think, deem, imagine
οἷος, -α, -ον: such as, what sort
ὀλίγος, -η, -ον: few, little, small
ὅλος, -η, -ον: whole, entire
ὅλως: (*adv.*) completely
ὅμως: nevertheless
ὁπότε: when
ὅπου: where, wherever
ὅπως: as, in such manner as, how
ὁράω: to see
ὅσος, -η, -ον: how many, whatever, whoever
ὅστις, ἥτις, ὅτι: anyone who, anything
ὅταν (ὅτε-ἄν): whenever (+ *subj.*)
ὅτε: when
ὅτι: that, because
οὐ, οὐκ, οὐχ: not
οὐδέ: but not
οὐδείς, οὐδεμία, οὐδέν: no one
οὐκέτι: no longer, no more
οὐκοῦν: therefore, then, accordingly
οὖν: so, therefore
οὗτος, αὕτη, τοῦτο: this
οὕτως: in this way

Π π

παῖς, παιδός, ὁ: a child
πάλιν: back, again
πάνυ: altogether, entirely
παρά: from (+ *gen.*); beside (+ *dat.*); to (+ *acc.*)
πάρειμι: be present, be ready
πᾶς, πᾶσα, πᾶν: all, every, whole
πάσχω: to experience, suffer
πατήρ, πατρός *or* πατέρος, ὁ: a father
πείθω: to prevail upon, win over, persuade
πέμπω: to send, dispatch

περί: concerning, about (+ *gen.*); about, around (+ *acc.*)
πλήν: unless, but
πόθεν: whence, from where
ποιέω: to make, do
πολύς, πολλή, πολύ: many, much
ποτε: sometime
που: somewhere
ποῦ: where?
πρᾶγμα, τό: a deed, matter
πράττω: to do
πρό: before, in front of (+ *gen.*)
πρός: to, near (+ *dat.*), from (+ *gen.*), towards (+ *acc.*)
πρότερος, -α, -ον: prior, earlier
πρῶτος, -η, -ον: first
πώποτε: ever yet
πως: in any way, at all, somewhat
πῶς: how? in what way?

Σ σ

στρατιώτης, -ου, ὁ: a soldier
σύ, σοῦ, σέ, σοί: you (*singular*)
συγκαθεύδω: to lie down with
σύν: with (+ *dat.*)
σύνειμι: to be together with, consort with
συνίημι: to perceive

Τ τ

τε: and (*postpositive*)
τίθημι: to put, place, establish
τις, τι: someone, something (*indefinite*)
τίς, τί: who? which? (*interrogative*)
τοίνυν (τοί-νυν): therefore, moreover
τοιοῦτος, -αύτη, -οῦτο: such as this
τοσοῦτος, -αύτη, -οῦτο: of such a kind, so large, so great
τότε: at that time, then
τρόπος τρόπου, ὁ: way, manner, habit

τυγχάνω: to hit upon, happen

Υ υ

υἱός, ὁ: a son
ὑπέρ: over, above (+ *gen.*); over, beyond (+ *acc.*)
ὑπό: from under, by (+ *gen.*); under (+ *dat.*); toward (+ *acc.*)
ὑμεῖς, ὑμῶν, ὑμᾶς, ὑμῖν: you (*plural*)

Φ φ

φάσκω: to claim, allege
φέρω: to bear, endure
φημί: to say
φιλέω: to kiss, to love

Χ χ

χαίρω: to be happy; χαῖρε, (*pl.*) χαίρετε hello, goodbye
χθές: (*adv.*) yesterday
χρή: it is necessary

Ω ω

ὦ: oh! (*vocative of definite article*)
ὡς: (*adv.*) as, so, how; (*conj.*) that, in order that, since; (*prep.*) to (+ *acc.*); as if, as (+ *part.*); as ____ as possible (+ *superlative*)
ὥσπερ: just as
ὥστε: so that, and so

Zeus the Tragedian